Elke Gottschalk

# Teddybären

**1 Früher Steiff-Bär** um 1908/10, Mohairplüsch, weiß, Schuhknopfaugen, hellbraun, bestickte Nase, vier Krallen. Höhe: 74 cm
*Preis je nach Zustand: 7.800,– bis 15.570,–*
*(Auktionspreis Sotheby's 1988)*

Elke Gottschalk

# Teddybären

BATTENBERG

**Danksagungen**
Ich danke herzlich den aufgeführten Personen für ihre Unterstützung bei der Arbeit dieses Buches. Sie überließen mir Bildmaterial oder verhalfen durch Kontaktvermittlungen oder durch Gespräche zur Klärung von Sachverhalten und zu Ergebnissen.

Auktionshäuser: Waltraud Boltz, Christie's, London, Reiner Dannenberg; Edy Belard, Florentine C. Bredow (Teddymuseum, Berlin), Dr. W.F. Cohrs, Anita Eckner, Uta Eckstein, Hannelore Ernst (Norddeutsches Spielzeugmuseum, Soltau), Barbara Freshwater-Holberndt, Hermann Spielwaren GmbH, Coburg-Cortendorf, Klaus Jörger, Elke Kraus (Teddybär-Klinik, München), Elisabeth Lewe, Prof. Dr. Reichstein, Gabriele Reimers, Lydia Richter, Lieselotte und Fred Stalling, Teddyplüschwarenfabrik Gebr. Hermann GmbH & Co. KG, Hirschaid, Rosemarie Vogelsang.

**Fotografen**
Auktionshäuser: Boltz, Bayreuth; Dannenberg, Berlin; Christie's, London; Barbara Freshwater-Holberndt, Alexander Gottschalk, Dietrich Graf, Rudolf Majonica, Traute von Mendelssohn, Klaus Moll, Prof. Dr. Reichstein, Lydia Richter, Linde Rülke, Ulrike Schneiders, Matthias Schröder, Fred Stalling, Hildegard Wegner, Charlotte Wolff.

**Zeichnungen**
Kitti Müller

Die Deutsche Bibliothek – CIP-Einheitsaufnahme

**Teddybären**/Elke Gottschalk. – Augsburg: Battenberg, 1994
(Battenberg-Antiquitäten-Katalog)
ISBN 3-89441-166-X
NE: Gottschalk, Elke

BATTENBERG VERLAG, AUGSBURG 1994

Gedruckt auf chlorfrei gebleichtem Papier.

Umschlaggestaltung: Zembsch' Werkstatt, München
Layout: Katharina Storz, Olching
Satz: Schrift Times, Design-Typo-Print GmbH, Ismaning
Offsetreproduktionen: Design-Typo-Print GmbH, Ismaning
Druck und Bindung: Hofmann-Druck Augsburg GmbH
Printed in Germany
ISBN 3-89441-166-X

# Inhaltsverzeichnis

# Vorwort

Teddy 1903 – 1993 ... und kein Ende!

**90 Jahre – Bärenjahre für jung und alt.**

Was ist es, was den Teddy herausragen läßt aus der Masse der Kuscheltiere, seien es Schäfchen, Affen, Katzen ...?
Eine Wohnung voll mit 150 Affen oder 200 Schafen! Unvorstellbar! 300 Teddybären als Lebens- und Wohngefährten bei Hunderttausenden von erwachsenen Sammlern – realistisch und bewiesen!
Tausche neuen Golf gegen großen alten Steiff!
Kein Problem und eher zu bewältigen, als der Verkauf einer Rolex-Uhr zum halben Preis. Lieber sitzt der Teddyfreund auf Apfelsinenkisten und trägt Garderobe aus zweiter Hand, ehe er monatlich (auch noch auf Raten) auf einen neuen Bärengesellen verzichtet: »An diesem Blick kann man halt nicht vorbeigehen ...«
Ein Besuch einer Teddybörse ist vergleichbar mit einem Besuch in einem Tierheim: Man könnte alles, was einen anblickt – mitnehmen, es »blutet« das Herz, wenn die Entscheidung nur zugunsten »Eines« ausfallen kann; denn Charakter, Persönlichkeit, Ausstrahlung – und vor allem »Geschichte« – hängt an jedem. Ein Teddy hat auch dann Geschichte, wenn er noch zu jung ist, um Geschichte zu haben. Menschen denken und fühlen Geschichte in ihn hinein und schaffen dadurch das Gefühl der Vertrautheit, Verbundenheit, der Harmonie, der Liebe und des Trostes.
Ein Bär wird nicht wie ein Spielzeug empfunden. Ein Bär mit seinem Gleichmut ist wie ein Mensch, ein guter Freund, Mutter, Vater, Oma, Tröster, eine Flasche Wein ... Er verrät keine Geheimnisse, hat keine Widerworte und ist wohl auch gerade dadurch so wertvoll. Gedanken können gedacht werden, die man vielleicht ohne »Bezugsbär« nicht gedacht hätte.

Alles beginnt schon in der Kindheit:
Wenn Eltern Kindern einen Teddy schenken, wird schwerlich nur der Erwerb von Fertigkeiten dadurch erwartet, vielmehr liegt seine eigentliche Bestimmung darin, als Lebensbegleiter durch die Kindheit zu fungieren. Er ist »Talisman, Schutzengel, Komplize, Blitzableiter« (Begriffe entnommen aus: »Zum Wesen des Teddys«, Katalog zur Ausstellung im Ruhrlandmuseum, Essen), hilft über Ängste hinweg, hört gut zu und stellt neben der Mutter die erste Liebe dar, die nie enttäuscht. Der Teddybär ist für das Kind nicht Partner, vielmehr eine Kind/Teddy = Wir = Gemeinschaft, die untrennbar alles gemeinsam – körperlich, wie geistig – erlebt, durchlebt, erträgt. Da ein Kind diese Teddy-Beziehung tatsächlich als Mensch-zu-Mensch-Verbindung betrachtet, kann es kaum einen engeren Kontakt geben. Diese Verbindung hat den Vorteil, daß sie nicht, wie viele menschliche Beziehungen zerbrechen kann, da der Bruch nur von einer Seite erfolgen könnte. Und wie sollte die Beziehung hier zerbrechen?
Geliebte Teddys hinterlassen Vernarbungen: Sie klumpen (Schweiß, Angst, Krankheit, Tränen), sie nutzen ab (Herumtragen, Zusammensein). Zartfühlende Eltern werden wissen, daß dieser Mensch/Bär nicht zu ersetzen ist durch einen hygienischeren neuen. Sie werden nie den besten Kameraden ihres Kindes gar in den Müll werfen.

Es wäre dann so, als brächten sie ihn um. Eher kämpfen sie ihrem Kind zuliebe um den Zerlumpten, Verbrauchten. Sie stopfen ihn hingebungsvoll, nähen und flicken ihn zusammen. – Und – ist die Kinderzeit einmal zu Ende, so wird unser Freund sicher sanft eingewickelt in ein sauberes Handtuch, in der Schublade aufbewahrt als ein Symbol einer intensiven Kindheitsverbundenheit und Liebe, eines Kindheitsbegleiters, eines besten Freundes, der jederzeit wieder aufgeweckt werden kann, abrufbereit ist, zeitlos. Diese magische Wirkung des Teddys auf den Menschen wird selbst im Alter nicht enden.
Beobachtungen zeigen, daß ältere Menschen, die nur wenig Hab und Gut beispielsweise mit ins Altenheim nehmen können, auf ihren Lebensgefährten, den Teddybären, nicht verzichten können. Er bleibt bis zu ihrem Tode eine Erinnerung ihres ganzen unwegsamen Lebens.
Und dabei hat es doch so unbedeutend einmal mit dem »Petz« angefangen! Gedacht war er, wie eben aufgezeigt, für Kinder und erfüllte schon damals seinen Zweck für Erwachsene (Roosevelt-Story – wird später aufgegriffen).
Eine kürzlich gelesene Sammler-Statistik in einer Tageszeitung beeindruckte mich, in der die drei großen Sammelgebiete der Welt vorgestellt wurden.
An 1. Stelle standen die Briefmarkensammler, gefolgt von den Münzsammlern. Es wird jetzt schwerlich zu erraten sein, was an 3. Stelle aufgezeigt wurde. Das Sammelobjekt ist tatsächlich unser Teddybär, ob alt oder neu. Man sprach auch davon, daß 60 % aller Haushalte der westlichen Welt einen Teddybären besitzen (Bären für Kinder miteingeschlossen). So viele Menschen können sich nicht irren! Wenn sie einer »Sache« die gesamte Zuwendung, Freizeit – und nicht zuletzt einen großen Teil ihres Geldbeutels schenken, muß diese für sie von größter Bedeutung sein!
Briefmarken- und Münzsammler sind sich in ihrer Art zu sammeln gewiß sehr ähnlich. Besonnen, ruhig und überlegt sortieren und komplettieren sie ihre Sammlung und können sicher auch bei einem Kauf eines seltenen Exemplares aus der »Reserve gelockt« werden, was ihren Blutdruck auch einmal leicht ansteigen läßt. Aber man stelle sich einen Briefmarkensammler vor, der diese abends mit ins Bett nimmt! Emotional geprägte, leidenschaftliche, sogar fanatische und oft rücksichtslose Züge im Kampf weist dagegen ein Teddysammler auf, trifft er auf den »Typ« seines Herzens. Hat sich das leicht verklärte Sammlergesicht nach anfänglicher Begegnung mit seinem Traumbären normalisiert, tritt eine gewisse kurze Vernunftspause ein, in der zumindest vorsichtig nach dem Preis gefragt und das eventuelle Sammlerstück daraufhin etwas genauer untersucht wird.

Hier unterscheiden wir zwei Arten von Bärensammlern:

a) Diejenigen, die nun vernünftig nach strengen Sammelkriterien abwägen und auch einmal »Nein« sagen können und
b) diejenigen, die Teddys einfach mögen und dann jeden Preis letztlich akzeptieren, vorausgesetzt, der »Bärenblick« stimmt.

Angefangen hat es bei den Bärensammlern sicher genauso wie bei allen Sammlern. Ist die Leidenschaft (Sammeln ist nunmal eine Leidenschaft!) für das Sammelobjekt erst geweckt, wird in der ersten Euphorie alles angesammelt und »Menge« angehäuft, ohne oft zunächst überlegt zu haben. Der erfahrene Sammler später ist belesen (Fachliteratur) und sammelt gezielter. Es werden Schwerpunkte gesetzt, die Sammlung wird eingeschränkt, gezielt komplettiert, sortiert, in Ordnung gebracht; man spezialisiert sich.

**2 Sie haben überlebt!** (2 Weltkriege!)
Zwei sehr geliebte Burschen um 1915
Foto: Copyright und Fotografie
Prof. Dr. Reichstein

Es gibt Teddysammler
- die tatsächlich alle Bären in jedem Zustand sammeln und auf riesige Bärenkolonien blicken,
- andere, die wiederum nur kleine Vitrinengrößen bevorzugen,
- viele interessieren sich nur für Bären besonderer Firmenmarken wie Bing, Hermann, Steiff, Schuco u.a. –
- Auch das Alter eines Bären kann für Sammler von Bedeutung sein. Heute gibt es ja nicht nur die »antiken« Bärensammler (bis 1950). Im Gegenteil: Neue »Teddys – sammeln« von Erwachsenen boomt weltweit!
- Nicht zuletzt gibt es die großen Kapitalanleger, die mit Argusaugen die Marktlage (Auktionen, Börsen) beobachten und trendmäßig Teddys an- und verkaufen (mit Gewinn – hat nebenbei bemerkt nichts mit Sammelliebe zu tun) oder seltene Stücke in exquisitem Zustand als Anlage »horten«.

**3 Lustiger »Dom«-Teddy** um 1940/50, Baumwollplüsch, ziemlich kurze Arme, kleine, klumpig geformte Füße, hart gestopft.
Höhe: ca. 50 cm
*Preis: ca. 80,– bis 150,–*
Foto: Ulrike Schneiders

Fest steht, Teddys können neben der Sammlerfreude tatsächlich eine echte Anlage darstellen! Betrachtet man die Sammleranzahl weltweit, speziell die in den U.S.A., wo Unmengen von Teddyclubs existieren mit unzähligen begüterten Mitgliedern, die wiederum unzählige Mengen von Geld in diese liebenswürdigen Gesellen gesteckt haben, so kann man nur sagen – als Kapitalanlage – wird der frühe Markenbär in gutem Erhaltungszustand wohl seinen Stellenwert behalten. So viele Menschen werden sicherlich für den Erhalt seines Marktwerts Sorge tragen! –
Nicht zuletzt werden weiterhin die zeitlosen, traurigen, putzigen, fröhlichen Bärengesichter spätere Generationen in Entzücken versetzen und sie verführen, sie besitzen zu wollen.
Schwerer wird es jedoch, sie zu finden.
Die Stöberfreuden der frühen Jahre (Ende 70), die das Sammelvergnügen krönten, Kramen, Entdecken, »Schnäppchenmachen« vergangener Tage, bleibt Vergangenheit. Obwohl ja halt diese Vergangenheit noch gar nicht so lange her ist ...
Gute Steifftier- und Teddybörsen, monatlich in den verschiedenen Großstädten unseres Landes, bieten dem Sammler ein reichhaltiges Angebot guter Bären, die von Fachleuten begutachtet werden. Auktionshäuser wie beispielsweise Christie's und Sotheby's spiegeln Trends, Vorlieben, Sammelkriterien wider und sind gewissermaßen schon ein Barometer des Teddykurses.
Die positive Seite der Auktion ist nach wie vor das große und meist auserlesene Angebot an Bären, das auf dem freien Markt schwerlich zu finden ist. Abgesehen von der Anspannung, Spannung, Vorfreude und Freude, die so eine Versteigerung für den Sammler mit sich bringt, können dabei auch echte Bärenkontakte »geknüpft werden«, die den für den Sammler wichtigen Gedankenaustausch bieten.
Leider bringen Auktionen zeitweilig ein unrealistisches Preisniveau mit sich, das oft den Markt überspitzt oder unterbewertet beeinflußt.
90 Jahre Teddybär, die letzten 15 Jahre intensive Sammlergeschichte, haben von Jahr zu Jahr mehr Fakten, Ergebnisse, Beobachtungen, Erfahrungen, Sachwissen – wie man es auch nennen mag – hervorgebracht. So ist es nicht verwunderlich, daß eine ständig ansteigende Anzahl von Sachbüchern zu Thema »Bär« Jahr für Jahr geschrieben wurden und werden, von denen meiner Meinung nach keines umsonst geschrieben ist. Jedes Buch wird Dinge aufzeigen, die ein anderer Autor vielleicht unbeachtet ließ und als nicht so wichtig betrachtete. Kontinuierlich wurde Teddyforschung betrieben, die Entwicklung blieb nicht stehen, was wiederum in der Sammlerliteratur zeitgemäß aufgenommen werden konnte, stets Neues berichtend.

Um größtmöglichst »gebildet«, stets »all round«, »up to date« zu sein, sollte sich der Sammler anhand der **gesamten** Literatur informieren, auch wenn es nicht ausbleibt, daß grundlegende Fakten wie z.B. Entstehungsgeschichte und Entwicklung des Teddybären sich wiederholen.
In diesem Buch »Teddybären« soll nun neben Entstehungs- und Firmengeschichte vieler bedeutender Teddyhersteller aus subjektiver Sicht die **heutige** Teddymarktlage geschildert und die Sammelkriterien, ein Ergebnis vieler Jahre Teddysammelns und Marktbeobachtung, Kriterien, die sich nun gefestigt haben, aufgezeigt werden.
Frühe und späte Bären werden mit ihren Erkennungsmerkmalen gegenübergestellt, »Spitzenbären« vorgestellt, Erkennungsmerkmale verschiedener Teddytypen genannt. Zusätzlich wird der Versuch unternommen, den Teddy aus psychologischer Sicht in seiner Bedeutung für den Menschen und Sammler zu durchleuchten. Neben zahlreichem Bildmaterial zur Formen- und Firmenkunde kommen auch »unbekannte« bärige Gesellen »zu Bild« (ohne viele Worte) und bezeugen, daß sie neben der »Bärenelite« auch eine Existenzberechtigung durch Herstellung und persönliche Geschichte haben. (In vielen Büchern werden sie nicht aufgenommen, da diese sich oft auf Spitzenfirmen und Anlagebären spezialisiert haben.)
Betrachtet man alte Fotos und Postkarten, so sind es gerade diese Bären, die Geschichte haben, traurige und frohe Erlebnisse aufzeigen können, Tränen stillten und Krankheiten kurierten. Man möge nie vergessen, daß unsere Teddybären ursprünglich für Kinderarme geschaffen und erst später Sammelobjekte für den »nie älter werdenden« Erwachsenen wurden. Kinder kannten nicht die heutigen (aus Erwachsenensicht entstandenen) Sammelkriterien und Wertmaßstäbe (an anderer Stelle aufgegriffen). Für sie war selbst der billige »Dombär« das Größte und Liebste. So sollen die vielen unbekannten Bärengesichter zum Verweilen einladen, zum Betrachten, zur Erbauung und den älteren Leser zum Träumen verleiten.
Kleine Szenerien und Teddygruppen sollen das Auge des Beschauers erfreuen und auch »schulen«. Vielleicht erkennt er den einen oder anderen Bärentypen bestimmter Firmen aus der Gruppe heraus wieder?

**4 Frühe Bärengruppe** um 1920

# Allgemeine Teddy-Altersbestimmungstabelle (1903 bis ca. 1950)

| **Zeit** | Augen | Ohren | Nase | Körper | Arme | Beine |
|---|---|---|---|---|---|---|
| **1903 bis 1920** | Schuhknopfaugen – schwarz,<br><br>kleine Metallknopfaugen – schwarz,<br><br>später Glasaugen | Gepolstert und ungepolstert,<br><br>unterschiedlich stark seitlich angebracht<br><br>ziemlich groß und rund. | Längs oder quer gestickt,<br><br>Perlgarn oder Wollfaden,<br><br>schwarz, braun oder beige,<br><br>geformte Nase aus schwarzem, geprägtem Guttapercha,<br><br>Nasenform: lang, spitz zulaufend –<br><br>Nasenmittelnaht, selten bei Steiff-Teddys. | 5teiliges Gelenksystem,<br><br>Stopfmaterial: Kapok und Holzwolle,<br><br>Obermaterial: Mohair (Angora-Ziege) – Baumwolle – langflorig, kurzhaarig,<br><br>Farbe des Mohairs: weiß, beige, zimt, braun, schwarz,<br><br>Brummstimme, ab 1905 (Quicker) eingebaut – großer, ausgeprägter Buckel. | Sehr lang, Hände meist nach innen gebogen (2/3 der Körperlänge), unterschiedliche Krallenanzahl, Hand-, Fußflächen: Leder, Filz. | Lang, Füße meist groß und im »rechten Winkel« geformt, Fußsohlen aus Filz oder Leder |
| **ca. 1920 bis 1930** | Seltener Schuhknopfaugen,<br><br>häufiger Glasaugen. | s.o. – und nicht mehr extrem seitlich tief – | s. o. – | Füllung s.o. –<br><br>Buckel nicht mehr so stark ausgeprägt,<br><br>Brummstimme, Musikwerk,<br><br>Mohair, allgemein kürzer; auch Baumwoll- und Nesselstoffe. | Kürzer – (1/2 bis 1/3 der Körperlänge) Handflächen: Filz. | Kürzer – Fußflächen: Filz. |
| **ca. 1930 bis 1950** | Glasaugen, später Plastikaugen (kann man fühlen: scharfe Kanten). | Seitlich und höher gesetzt. | Rundlicher, mit Perlgarn bestickt – Farbe: schwarz, beige, rot. | Weicher gestopft,<br><br>zunächst noch Holzwolle, später synthetische Materialien,<br><br>kleiner Buckel oder ohne –<br><br>Mohair, Nylonplüsch, Kunstseide. | Kurz – (1/2 von der Gesamtkörperlänge) –<br><br>Handflächen aus Filz oder synthetischem Material. | Kurz – Fußsohlen: Filz, synthetische Materialien. |

5 Die Abbildung zeigt die auffälligsten Merkmale des frühen Teddybären vor 1910. Merkmale: Weit auseinanderstehende Ohren, Schuhknopfaugen, Mohairplüsch, Buckel, lange, spitze hervorstehende Nase, braun oder beige, horizontal oder vertikal bestickt, lange Arme, große Füße (rechter Winkel!), gestickte Krallen, Holzwolle-Füllung.

6 Ein früher Teddybär im Vergleich mit einem Bären um 1950

# Der Teddysammler in der Sammlergeschichte

**ab 1979** Wenige Teddysammler, nur reine Teddyfreunde, Teddys günstig auf Flohmärkten zu erwerben, Käufer und Sammler werden oft »mitleidig« belächelt.

**ab 1981** Ansteigen der Teddy-Beliebtheit, Teddy beginnt ernsthaftes Sammelobjekt zu werden; »Flüsterpropaganda«. Teddys steigen noch hoch im Preis ...«, leichtes Ansteigen der Preise.

**1982** Teddys erscheinen in großer Zahl auf den Flohmärkten; Teddywelle beginnt, Preise steigen unkontrolliert ohne Maßstäbe; es wird hysterisch gesammelt was wie »Teddy« aussieht (ohne Qualitätskriterien).

**1983** Eine Teddysammelleidenschaft bricht aus; wie eine Sucht, eine »Sammelmanie«, wie bisher auf keinem anderen Sammelgebiet beobachtet, greift sie um sich; noch ist kaum informative Sachliteratur am Markt; der Sammler kauft nach Gefühl; viele schon aus Spekulationsmotiven frühe Steiff-Bären; auch andere alte »Mohairbären« wurden bereits als gut empfunden und erkannt. Auktionshaus Sotheby's hielt seine 1. Bärenauktion mit allgemein alten Bären, die bereits 180,— bis 1.200,— DM erzielten: Eine Sensation!

**1984**
- 1. Sammlerliteratur aus den U.S.A. »importiert«, ... bildet den interessierten Sammler;
- Sammelkriterien stellen sich heraus;
- frühe Bären steigen unermeßlich hoch im Preis;
- weitere erfolgreiche Auktionen erfolgen.

**1985/86**
- Auktionshöhenflüge bei seltenen frühen Steiff-Bären (bis 16.000,— DM, 75 cm großer Steiff von 1903);
- Sammlerliteraturflut;
- Bär wird Spekulationsobjekt.

**1988**
- Dollarrückgang, Rezession, Preissturz bei Bären (auch bei anderen Sammlerstücken: z.B. Puppen, Blechspielzeug),
- engere Wertmaßstäbe werden gesetzt (siehe Kapitel: Sammelkriterien, Marktlage).

**1989**
- Verunsicherung auf dem Teddymarkt,
- stark gebremster An- und Verkauf,
- seltene, unbespielte – wie neue – Bären, nach wie vor gefragt zu hohen Preisen,
- defekte Bären, trotz hoher Ausstrahlung niedrig im Preis (siehe Sammelkriterien!)

Erneute Auktionssensation im Hause Sotheby's: Früher weißer Steiff-Bär von 1926 mit besonders hoher Ausstrahlung und in gutem Erhaltungszustand – 150.000 DM = teuerster Bär der Welt. (Lebt heute in Kalifornien als Geschenk zum Hochzeitstag.)

**1990/91** Marktlage setzt hohe Wertmaßstäbe;
- »abgeliebte, echte Bären mit Geschichte« wieder für echten Bärenliebhaber, günstig –
- seltene, frühe, neuwertige Markenbären bringen Höchstpreise.

**1992/93**
- Im geeinten Deutschland Anstieg der Bärensammelleidenschaft,
- erneut auch Anstieg im Ankauf stark bespielter Bären zu höheren Preisen aufgrund der Nachschubsenge –
- Spitzenbären nach wie vor stabil in der Preislage,
- vermehrtes Lesen von Fachliteratur, Tendenz steigend.

Der Anstieg der Sammelleidenschaft und die Tendenz in der Entwicklung soll die folgende Kurve zusätzlich verdeutlichen:

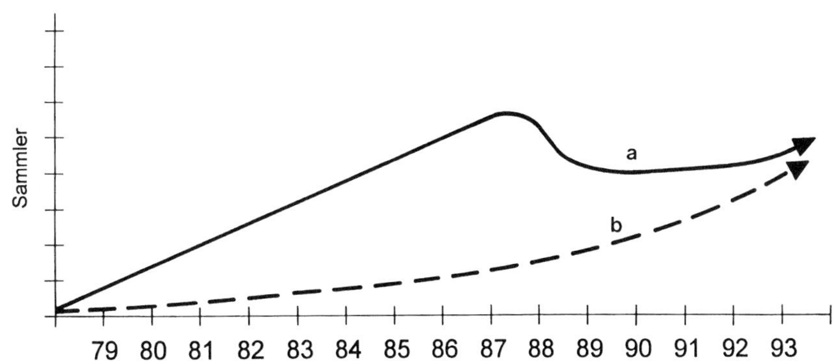


a) Sammleranstieg + Sammeltendenz von antiken Bären
b) Neue Bären als Sammelgebiet

Die Tabelle zeigt einen enormen Anstieg der Teddybärsammler von 1979 bis 1987. Ab 1988 ergibt sich ein Einbruch, hervorgerufen
a) durch stärkeres Herauskristallisieren von Sammelkriterien, Wertmaßstäben, Fachliteratur, die der Aufklärung des Sammlers diente,
b) durch den Dollarsturz auf ca. 1 USD = 1,70 DM.

Ein Rechenexempel soll diese Tatsache stärker verdeutlichen: Man berechnete 1987 einen frühen, guten Steiff-Bären mit amerikanischen Maßstäben nach der Größe:

**Faustregel:**
1 inch = 2,5 cm = 100 USD = 250 DM (Kurs = 1 USD = 2,50 DM)
Der Steiff-Bär mit der Größe von 20 inch = 50 cm hatte somit einen Marktwert 1987:
20 x 100 USD = 2000 USD = 5.000 DM.
1988 sah die Rechnung dann so aus: 20 x 100 USD = 2.000,– USD = 3.500,– DM

Der Preis in den Staaten ist geblieben, bei uns ist er gefallen. Der Dollarrückgang hatte Ängste vor An- und Verkauf und im »Anlagedenken« zur Folge; Angstverkäufe fanden statt, was die Preise noch mehr absacken ließ. Seit Mitte 1992 hat sich der Markt wieder stabilisiert.

# Marktlage und Sammelkriterien

Erinnern wir uns an die anfänglichen Riesensprünge in der Preissteigerung von Teddybären, dargestellt auf der vorangegangenen Kurve, so kann seit 1992 eine Marktberuhigung erkannt werden mit leicht ansteigender Tendenz. Der Teddymarkt ist stabiler geworden, denn glasklare Sammelkriterien bestimmen nun unter Sammlern das Preisniveau.
Die sich anschließenden Ausführungen entwickelten sich aus den Gesprächen mit Sammlern und Händlern im In- und Ausland, aus Beobachtungen auf Börsen und Auktionen mit den entsprechenden Ergebnissen, woraus sich die späteren Preisrichtwerte ergaben. Sie sind also rein subjektiv aus der persönlichen Sicht des Autors wiedergegeben und haben somit keinen Anspruch auf Endgültigkeit.
Der Sammler heute ist vorsichtiger, kritischer. Er ist oft »Sicherheitssammler« geworden, der oft schon beim Erwerb seines Bären an die eventuelle Wiederverkaufsmöglichkeit (für den Ernstfall) denkt. Der Kauf eines Bären stellt gewissermaßen heute eine Anlage dar, wobei man schon versucht, Risiken auszuschließen; hinzutritt, daß sich wohl auch nach den »wilden Bären-Kaufjahren« ein gewisses Sättigungsgefühl auf der ganzen Linie eingestellt hat.
Die Vereinigten Staaten sind *das* Teddyland mit den meisten Sammlern; Sammler sind in organisierten Teddyclubs vereint. So ist es nicht verwunderlich, daß hier Richtungsweiser für Trends, Modeerscheinungen und schließlich für Preise angezeigt wurden und werden. Die Preisrichtwerte der U.S.A. beeinflussen mit Sicherheit entscheidend den Marktwert der Teddybären auf unseren deutschen Märkten. Dabei wäre erwähnenswert, daß der deutsche Sammler im Endeffekt nicht ganz so enge Maßstäbe bei der Begutachtung eines Bären ansetzt, wie es nach meiner Beobachtung der Amerikaner tut.

Und so sieht die Marktlage 1993/94 aus:
- Was gefällt – wird nicht unbedingt gekauft!
- Risikokäufe werden möglichst ausgeschlossen.
- Sicherheitskäufe (mit vorheriger Absicherung, Expertisen, Rückgaberecht, Überlegungszeit ....) nehmen zu.
- Wiederverkaufswert (Teddy – als Aktie) muß mit Sicherheit gewährleistet sein!
- »Ein« Auge beobachtet stets Trends auf Börsen und Auktionen, um eventuelle Risiken auszuschließen.

Es konzentriert sich der »betuchte« und sicherheitssuchende Sammler auf gute und Spitzenbären, wobei die Frage offen bleibt, ob hierbei nicht an dem echten Sammelgebiet »Teddybären sammeln« vorbeigesammelt wird? Kann man denn einen Bären als gut oder nicht gut bezeichnen?
Von Jahr zu Jahr erscheinen »gute« Bären – besser von bestimmten Sammlern für gut empfundene Bären – weniger in der Öffentlichkeit und rütteln plötzlich mit Rekordpreisen die Bärenfreunde wach. So 1987, als für 26.000 DM ein früher weißer Original-Teddy der Firma Steiff den Besitzer bei Sotheby's wechselte oder 1989 ein Original-Steiff-Teddy aus den zwanziger Jahren für 150.000 DM das Hochzeitsgeschenk eines Amerikaners für seine Frau wurde, ein schwarzer Steiff-Bär für 70.000

7 **Frühe Steiffbären** in Szene gesetzt.

DM im gleichen Auktionshaus ersteigert wurde oder für mehr als 15.000 DM ein roter Original-Teddy der gleichen Firma für eine Sammlung auserkoren wurde. Vier Original-Teddy-Bären (Original-Teddy = Ur-Teddy-Typ) der Firma Steiff, die Preise erzielten, die einen schwindlig werden lassen: einen Kleinwagen, ein Einfamilienhaus, 20 Waschmaschinen im Tausch für einen Bären! Rekordpreise erbrachten in der kurzen Teddygeschichte seltene Bären der Firma Steiff, wobei der 150.000-DM-Bär, der in einem Buch mit dem Namen »Happy« in die Geschichte einging, bestimmt wegen des »außergewöhnlichen Blickes«, der tief ins Innere des Herzens trifft, den hohen Preis erzielte: Dadurch Liebe um jeden Preis! Sekundär wurden dann der »natürlich« langflorige Mohairkörper, selbstverständlich mit der Farbe weiß, das sichtbare Markenzeichen mit dem Altersbeleg: Knopf im Ohr mit Druckbuchstaben, das unbespielte, nur leicht angestaubte (von wegen des Flairs) Äußere des Bären in einer selbstverständlichen stattlichen Größe. Ja, so ist ein Bär bei den meisten Sammlern heute ersehnenswert!

Folgende Kriterien bestimmen meiner Meinung nach den heutigen Markt:

**1. Das Alter**
– Gilt nur für den Original-Teddy (Urform) –.
Je älter der Bär – um so wertvoller ist er!

**2. Die Seltenheit**
Seltene, jüngere Bären können auch Spitzenpreise (wenn auch nicht Rekordpreise) erzielen. Dazu gehören z.B.

a) Maulkorbbär, ca. 1908 (Steiff),
b) Musikbär, ca. 20er Jahre (Steiff, Bing u.a.),
c) Teddy-Clown, ca. 1926 (Steiff),
d) Petsy-Bär, ca. 1928/30 (Steiff),
e) Teddy-Baby, ca. 1928/30 (Steiff),
f) Wackelschwanz-Bären (Schuco u.a.),
g) Dicky-Bär, ca. 1930 (Steiff),
h) Jubiläumsbär Jacki, 1953 (Steiff)
u.a.

*Anmerkung:* Die genannten Bärentypen werden unter der Rubrik ihrer Firma und deren Geschichte im einzelnen genauer vorgestellt.

**3. Die Größe**
Nach wie vor gilt die Faustregel für frühe Bären als Preisrichtwert:
1 inch = 2,5 cm = 100 USD = ca. 1,70 DM heute.

**4. Die Farbe**
Die seltenen Farben wie rot, zimt, schwarz und weiß werden von Bärenliebhabern honoriert.

**5. Das Material**
Beliebte Bären haben langfloriges Mohair, je länger, um so begehrter!

**6. Der Zustand**
»Mint Condition«, sagt der Sammler und meint: Das Fell muß vollständig (unbespielt) erhalten sein (Staub ist unwesentlich); vorhandene Markenzeichen bei Markenbären wirken preissteigernd. (Hat das Fell starke Fehlstellen, kann sich der Preis auf 50% reduzieren.)

**7. Die Form**
Je länger die Arme, je ausgeformter die großen Füße, je größer der Buckel, je spitzer die Schnauze, je seitlicher die Ohren, um so teurer der Bär!

Ganz seltene Bärentypen werden auch mangels guter Exemplare für natürlich geringeren Preis in die Sammlung aufgenommen.

# Der Teddy wird geboren

**8 Früher amerikanischer Bär** um 1910, Mohairplüsch, beige, hart gestopft, sehr seitliche Ohren, Schuhknopfaugen, relativ kurze Arme, aber große Füße.
*Höhe: 70 cm*
*Preis: ca. 2.000,–*

Kann denn jemand an zwei Orten gleichzeitig geboren werden und den gleichen Namen erhalten? Es wird so jedenfalls behauptet und so steht es geschrieben:

**Geschichte A**
Es geschah im Jahre 1902, an einem 14. November, als bei der Schlichtung der Grenzstreitigkeiten der Staaten Louisiana und Mississippi, Präsident Roosevelt, bekannt als Bärenjagdliebhaber zum Abschluß der Verhandlungen zu einer Bärenjagd eingeladen wurde – und – kein Bär erschien!
So wurde ihm schließlich ein Jungbär angeschleppt, ein Tatbestand, der gegen seine »männliche » jagdsportliche Würde verstieß, so daß er den Schuß verweigerte. »Ich könnte meinen Kindern nie mehr in die Augen sehen ...« Der Journalist und Karikaturzeichner Clifford Beryman der Washington Post-Zeitung karikierte sofort den Tatbestand »zweideutig«, indem er ihn politisch ausnutzte. Unter der Überschrift »Drawing the line in Mississippi« wird Roosevelt karikiert – er schießt nicht auf den *schwarzen* Bären (= er verteidigt die Rechte der schwarzen Bevölkerung), sondern wendet sich, die Hand schützend haltend, mit dem Gewehr ab.
Roosevelts Handlung fand großen Anklang unter der Bevölkerung, und wie ein Lauffeuer verbreitete sich die Geschichte im Land und erreichte auch die Rußlandamerikaner Rose und Morris Michtom in New York, die die Bärenidee zu einer Vermarktungsmöglichkeit erkannten. Rose skizzierte zunächst einen 5-Teile-Bären mit drehbarem Kopf und Scheibengelenken, aus der Zeichnung wurde ein Bär aus Plüsch, gestopft mit Holzwolle. In einem Schreiben sollen die Michtoms um Erlaubnis gebeten haben, ihre Bärenkreation – Teddy – (nach Ted Roosevelt) und seiner Geschichte nennen zu dürfen. Sie erhielten die Erlaubnis (nicht bewiesen!) und fertigten noch viele ähnliche Gesellen in Heimarbeit an, die schnell ihre Abnehmer fanden. Aus dem Kleinbetrieb Morris Michtom entwickelte sich die spätere Ideal Toy Corporation of America (bewiesen!).

**Geschichte B**
Parallel zur selben Zeit ca. um 1902 fertigte der Student der Kunstgewerbeschule Richard Steiff im Stuttgarter Zoo Bewegungsskizzen vielerlei Bären an. Seine Tante Margarete betrieb bereits einen Kleinbetrieb, eher Heimarbeitsbetrieb mit Arbeiten, auch Spielzeugherstellung aus Filz in Giengen an der Brenz (Steiff-Firmengeschichtliches später an anderer Stelle), und er kreierte aus den Zeichnungen einen Spielbären mit Scheibengelenken aus Mohairplüsch, gestopft mit Holzwolle. Es sollte eine »Puppe« für Jungen werden, die mit einer Stimme versehen, den Eindruck des Lebendigen erhalten sollte.
So gelangte der deutsche Petz (nach mehrfacher Kritik und Überarbeitung) zur Frühjahrsmesse 1903 nach Leipzig – eine drollige Gestalt: spitze Schnauze, schwarze Schuhknopfaugen, seitlich abstehende Riesenohren, überdimensionaler Buckel, überlange, baumelnde Arme und Riesenfüße. Der deutsche Petz brach fast unter der Last des Buckels und der langen Arme zusammen, ein Häufchen Bär! Und keiner wollte ihn haben! Er wurde regelrecht ausgelacht. Eine Mißgeburt! Also war das nicht so eine gute Idee, Richard?! Oder doch? Am letzten Messetag kam ein Ver-

**9 Automatenbär**; stehend, trommelnd, wahrscheinlich von der Firma Descamps, Frankreich, um 1880; dunkelbraunes Kaninchenfell, hölzerne Pranken und Krallen. Höhe: ca. 65 cm
*Preis: ca. 3.000,– Liebhaberpreis.*
Foto: Auktionshaus Christie's, London

treter der Firma Borgfeldt & Co. aus New York, erblickte dieses »Häufchen« Bär, war begeistert und verlangte sofort 3.000 Stück. Unser Häufchen Bär straffte sich vor Stolz. Aus dem Häufchen wurde ein Bär! Er sollte über den großen Teich gehen, wo er bei seiner Ankunft sofort in ein flottes Jagdkostüm gesteckt werden sollte.
Als Dekoration zur Hochzeitsfeier der Tochter Roosevelts sollte er dienen, so sagte man (nicht bewiesen!). Aber, daß 3.000 und mehr ähnlicher Gesellen folgten, ist bewiesen, was der Firma Steiff zu Weltruhm verhalf. So entstand Teddy's Bär = Teddybär wohl doch gleichzeitig an zwei Orten. Eine Duplizität der Ereignisse, die ja wohl nicht als so unmöglich angesehen werden kann. Viele Dinge werden oft vielerorts gleichzeitig erfunden, Gedanken gedacht, Ideen geplant und verwirklicht.
Unser Teddybär ist geboren; er ist tatsächlich da und weltweit berühmt geworden!
Nach 1903, als Folge der Leipziger Messe mit Erfolgsschlager des ersten gegliederten Bären, ergab sich natürlich auch in Europa eine ansteigende Nachfrage nach dieser Neuheit. Man witterte einen Verkaufsschlager, einen »Knüller«, und jeder wollte mitmischen. Führende Puppen- und Blechspielzeugfirmen eröffneten einen Zweig in der Teddyherstellung (beispielsweise Bing, Fleischmann und Bloedel u.a.). Der Wirklichkeit nachempfundene Bären gab es parallel und früher seit Ende des 19. Jahrhunderts, die sich jedoch nur im normalen Bereich in der Verkaufsstatistik bewegten, seien es Rädertiere oder mechanische Bären u.a. (Descamps, Martin ca. 1880, Frankreich), die in ihrer Aufmachung oft an Zirkustiere erinnerten. Der 5teilige, gegliederte Teddybär dagegen ließ die Leute schon damals euphorisch und fast hysterisch ausarten. In den U.S.A. trugen die Menschen Teddybrillen, Teddyknöpfe, Teddy als Maskottchen, sie verschrieben Teddykarten und lasen Teddybücher. Der Teddy war »in«, er verbreitete ein Fieber, das bald wie eine Seuche die ganze westliche Welt erfaßte.
Ted Roosevelt nutzte den Medienrummel aus. Er ließ sich selbst Teddy nennen, der Bär wurde zu seinem persönlichen Markenzeichen, zu seinem Maskottchen.

Vielen ausländischen Teddybärherstellern war es möglich, in Krisenzeiten Fuß zu fassen, als es den führenden Firmen aus finanziellen Gründen nicht mehr möglich war zu produzieren.
Deutsche Firmen waren während der Weltkriege gezwungen, Kriegsware herzustellen (so beispielsweise auch die Firma Steiff), Teddybären wurden oft nur am Rande hergestellt. Auf die hochwertigen Mohairstoffe mußte dabei verzichtet werden. Ersatzstoffe wie Nessel, Baumwolle, Zellstoff u.ä. fanden Verwendung. Viele neue Firmengründungen wurden nun im »ruhigeren« Ausland bekannt, so beispielsweise Chad Valley's und Merrithought in England.

# Die Firma »Steiff«

**10 Margarete Steiff** auf der Höhe ihres Wirkens bis 1909.

## Vom Heimarbeitsbetrieb bis zur Weltfirma

(Die Firmengeschichte der Firma Steiff wird von mir bewußt nur in Auszügen gebracht, da sie ohnehin aus den vielen Fachbüchern hinlänglich bekannt ist.)
Nach dem großen Erfolg der Leipziger Messe konnte die Familie Steiff den kleinen Familienbetrieb nicht mehr in alter Form aufrechterhalten. So klein hatte alles einmal angefangen:
1847 wurde Margarete Steiff in Giengen an der Brenz (Schwäbische Alb) geboren. Zu damaliger Zeit ein beschauliches Kleinstädtchen, das noch altes deutsches Handwerk wie Weben und Gerben beheimatete.
Margarete Steiff erkrankte in ihrer Jugend an Kinderlähmung und war an den Rollstuhl gefesselt.
Trotzdem arbeitete sie schon als junges Mädchen unermüdlich und verarbeitete den heimatlichen Wollfilz zu vielerlei Kleidungsstücken, Decken und schließlich zu Spielzeug: Esel, Pferde, Kamele, Ziehtiere. Ihre Idee war es auch, kleine Nadelkissen in Form von Elefanten herzustellen, die guten Absatz fanden. Sie heiratete nicht, stellte später in den größer werdenden Heimarbeitsbetrieb Familienangehörige, ihre Neffen, ihren Fähigkeiten entsprechend ein. Das Zusammenwirken und der Zusammenhalt dieser Menschen mit herausragenden Begabungen verhalf der Familie dann zu Weltruhm:
Franz war für die Werbung zuständig; er erfand den Knopf als Markenzeichen; Hugo übernahm als gelernter Ingenieur die Leitung des Unternehmens; Richard war Kunstfachmann und »Schöpfer der Dinge« und auch Paul diente mit Ideenreichtum.
Im 1. Jahrzehnt wurde aufgrund des großen Erfolges mit den Teddybären die Steiff GmbH gegründet und das Markenzeichen »Knopf im Ohr« gesetzlich geschützt. Die Jahre 1903 – 1908 gingen in die Spielzeug- und Steiff-Geschichte als »Bärenjahre« ein.
Ab 1905 betrug die Mitarbeiterzahl des ehemaligen Kleinbetriebes bereits 2.000; bis ca. 1.000.000 Bären jährlich wurden jetzt produziert und vermarktet, um nur einige Zahlen zu nennen.
Margarete Steiff konnte die anfänglichen Erfolge miterleben. Sie starb im Jahre 1909. Und wie wir wissen, führte die Familie Steiff GmbH bis zum heutigen Tage mit Welterfolg.

**11 »Röntgenblick« in den »Elefantenknopfbären«** um 1905, gut sichtbar die außergewöhnliche »Aufhängung« durch Metallverstrebungen.

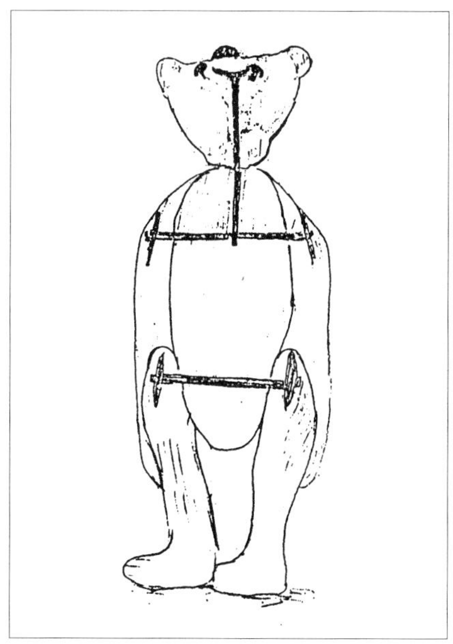

## Beliebte Sammlerbären der Firma Steiff von 1903 bis 1953

**1903** Original Teddy-Bär; erster gegliederter deutscher Bär, zunächst in einer Größe, Mohair, Schuhknopfaugen, weiß-beige, siehe Abbildung 116/117.
Elefantenknopfbär; Versuch eines gegliederten Bären mit Metallstangenverbindungen (Skizze), Kunststoffnase; sehr selten (nur wenige Exemplare weltweit), siehe Abbildung 52/53.
Parallel Ziehbären auf Metallrädern, siehe Abbildung 118.

**1904** Original Teddy in verschiedenen Größen; Elefantenknopf im Ohr als Kennzeichen (Nickelschild mit Elefanten-Abb.) –

**12 Anleitung (Pappe)**
Arbeitsgänge zur Herstellung eines Steiff-Plüschtieres um 1960.
Foto: Auktionshaus W. Boltz.

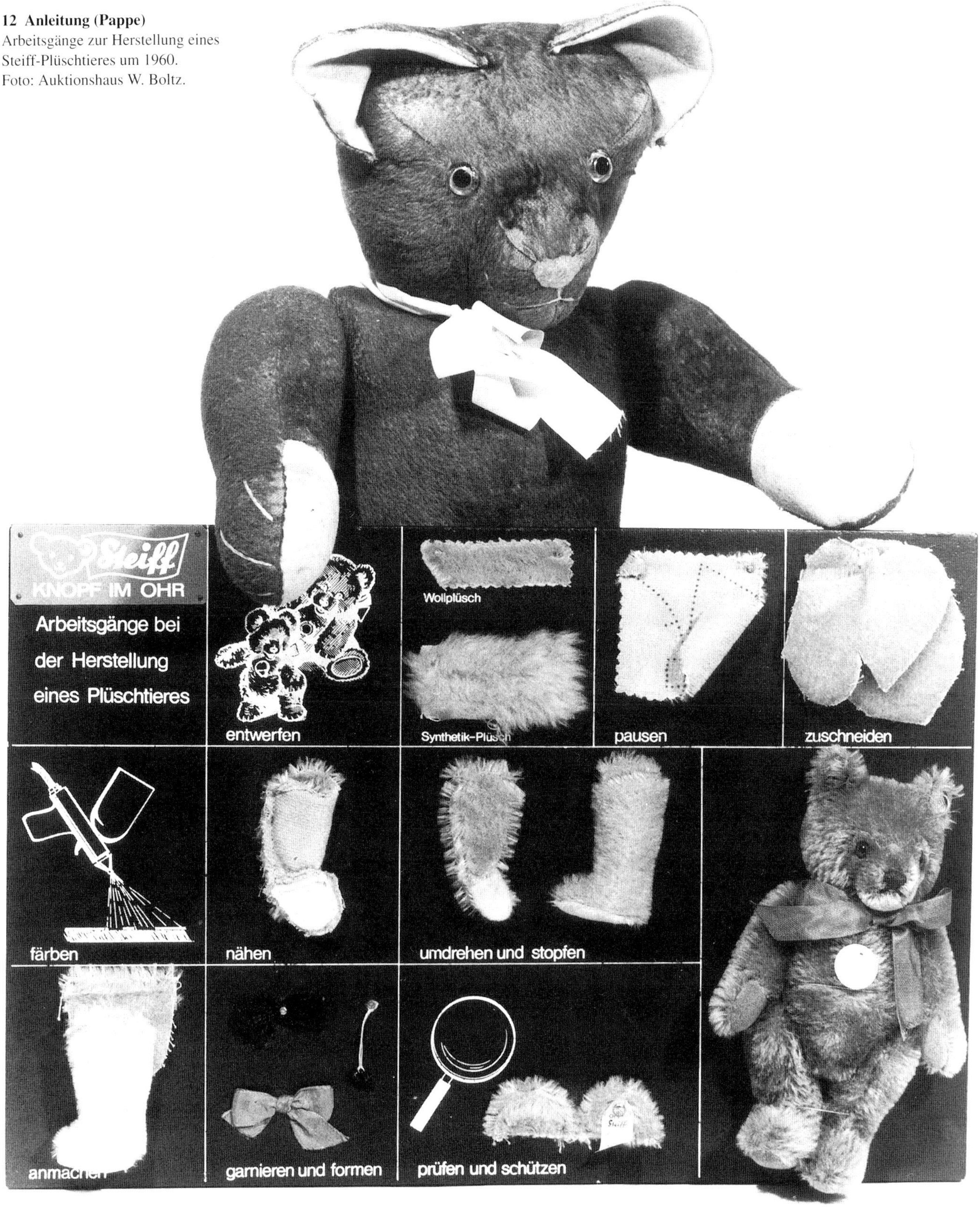

**1908** Original Teddy-Bär in verschiedenen Größen, Original Teddy-Bär mit Maulkorb, siehe Abbildung 13.

**1910** Teddy wie oben; mechanischer Bär (Purzelbaumbär), siehe Abbildung 119.

**1913** Record-Bär – auf Rädern (ohne Abb., Preis: ca. 3.000 – 3.800 DM).

**1914 bis 1918** Original Teddy-Bär mit Glasaugen, Mohairersatz: Baumwolle, Papier (Zellstoffplüsch), (siehe Literatur: Cieslik Verlag, Koskinen: Teddy-Preisführer 1989).

**1926** Original Teddy-Bär; Teddy-Clown, ein gegliederter Bär mit Hut und Halskrause in vier Größen, siehe Abbildung 56.

**1928** Petsy-Bär, ein besonders lustiger Bär mit braun gescheckten, langhaarigem Mohairplüsch und Riesenohren. Der Bär hat blaue Augen und eine rot gestickte Nase, siehe Abbildung 57.

**1925 bis 1930** Musik-Teddy-Bär, dessen Innenleben aus einem Schweizer Spieluhrwerk besteht, das auf Druckmechanismus funktioniert, siehe Abbildung 121, links.

**1928 bis 1930** Teddy Baby; ein Bär mit offenem oder geschlossenem Maul, mit nach unten zeigenden Pfoten und abgeflachten Fußsohlen; er trägt ein Glöckchen und wurde aus Mohair (gelb, weiß) oder Baumwollplüsch hergestellt, siehe Abbildung 123.

**1930** Dicky-Bär, ein lächelnder Bär mit »höher« angebrachten Ohren und kurzhaariger Schnauze; Dicky lächelt mit Hilfe der »Spritzpistole«, die ihm auch zu bemalten Hand- und Fußflächen verhalf (leider bei vielen Exemplaren verlorengegangen), siehe Abbildung 58.

**1936** Beweglicher Zirkusbär (mechanisch).

**1938** Panda-Bär (schwarz-weißer Bär), siehe Abbildung 124.

**1940** Teddy-Baby, erneut im Programm, siehe Abbildung 125.

**1951** Zotty-Bär, langhaariger Mohair, sehr weich gestopft, angedeutetes Mohair-»Lätzchen« (Unterschied zu Hermann Zotty: kein Lätzchen und heruntergezogene Nasenflügel), weißer Zotty sehr selten, siehe Abbildung 126.

**1953** Jackie-Bär; Jubiläumsbär: »50 Jahre Teddybär«, hat einen Querstich auf der Nase, siehe Abbildung 122.

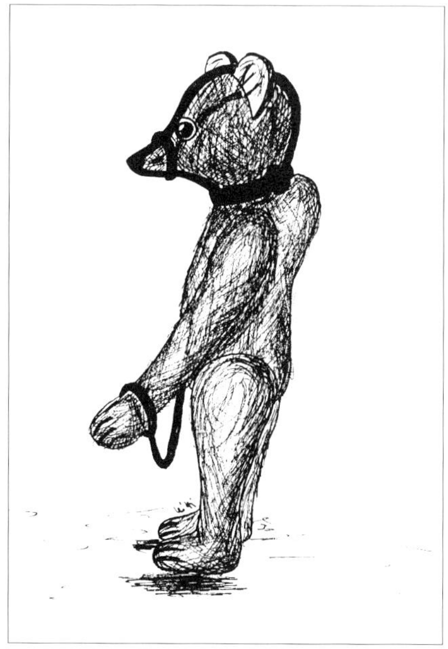

**13 »Maulkorbteddy«** von Steiff ab ca. 1908, beiger Mohairplüsch, Schuhknopfaugen, Ledermaulkorb, Teddy in verschiedenen Größen; mittlere Größe ca. *6.000,– bis Liebhaberpreis*

**Erkennungsmerkmale eines frühen Steiff-Bären (Original Teddy) bis 1925**

Viele der aufgeführten Merkmale werden wohl auch auf Bären anderer früher Firmen zutreffen. Findet man jedoch folgende Erkennungszeichen gehäuft an einem Bären, ist die Wahrscheinlichkeit groß, daß es sich um einen Steiff-Bären handelt:
- Schuhknopf- oder Glasaugen,
- seitliche Ohren ohne Füllmaterial,
- längerer Flor (Mohair!),
- V-Naht am Vorder- und Hinterkopf (selten Mittelnaht).

- Körper nicht zu hart gestopft (anschmiegsam),
- oft Verlust von Füllmaterial an den Oberarmen (hohl), kommt daher, daß die Füllung der Oberarme von watteähnlichem Material umhüllt wurde, das im Laufe der Zeit »sackte«.–
- Keine hintere Mittelnaht an den Beinen,
- lange, vorn nach innen gebogene Arme,
- große, im rechten Winkel geformte Füße,
- gestickte (4) Krallen,
- Fuß- und Handflächen aus Filz, früher manchmal auch aus feinem Leder,
- Markenzeichen: Knopf im Ohr (Elefantennickelknopf 1903/1904) oder Nickelknopf mit Aufschrift in großen Druckbuchstaben STEIFF oder STEIFF

**Replika aus der Steiff-Produktion des letzten Jahrzehnts**

1. »Nimrod-Teddys« (als 3er Set für die Staaten), Teddys im Jagd-Look gekleidet, Hut, Tuch, Stiefel; limitierte Auflage, Preis je Bär ca. 130 – 180 DM.
2. Schwarzbär (von 1907), limitierte Auflage von 4.000 Stück, Preis: ca. 1.000 – 1.200 DM.
3. Teddy-Clown (von 1926), limitierte Auflage von 10.000 Stück, Preis: ca. 500 – 700 DM.
4. Petsy-Bär (1926), limitierte Auflage von 5.000 Stück, Preis: ca. 600 – 850 DM.
5. Roter Bär (1908), limitierte Auflage von 4.000 Stück, Preis: ca. 400 – 600 DM.
6. »Richard Steiff« – 1. Bär (1903), 20.000 Stück, zum 80. Geburtstag, Preis: ca. 600 – 750 DM, siehe Abbildung 120.
7. Teddy-Baby (mit Wolf kombiniert), limitiert 1.000 Stück, Preis: ca. 1.200 – 1.500 DM.

Je höher die limitierte Auflage, um so günstiger ist selbstverständlich der Preis. Trotzdem ist es schwer, Anhaltspunkte für Replikapreise zu geben.
Aufgrund der Limitierung der Auflagen wird der »Replika-Interessent« auch einen erhöhten Liebhaberpreis akzeptieren, wenn er sein Sammelobjekt haben möchte. Die hier angegebenen Preise sind Schätzwerte und ergeben sich aus Beobachtungen und Umfragen im Sammler- und Händlerkreis.

**14** Abgeliebter **früher Steiff-Bär** um 1910.

15

16

**15 Teddybärenfertigung** in Sonneberg um 1920/30.
Maschinennähen: Oma an der Nähmaschine
Foto: Firma Hermann, Coburg

**16 Die Teddys werden »gefüllt«.**
Arbeit im alten Sonneberg.
Foto: Firma Hermann, Coburg.

**17 Garnieren von Teddybären** in alten Sonneberger Tagen:
Hier sieht man sehr schön das »Splinten« der Teddybären. Bei diesem Arbeitsvorgang werden in die Arme, Beine und Kopf die Scheiben mit dem Splint eingesetzt, damit man Arme, Beine und Kopf dann am Körper befestigen kann und sich die Arme, Beine und Kopf dann am Körper drehen können.
Auch heute werden von vielen Firmen die Scheiben mit dem Splint in original der gleichen Art und Weise per Hand eingesetzt wie früher.
Foto: Firma Hermann, Coburg.

17

**18 Ein Korb voller Teddybären** wartet auf das Füllen: Bei diesem Foto hängen die Arme, Beine und Kopf bereits am Körper. Der Körper selbst ist noch »leer« und wartet darauf, daß er mit Holzwolle jetzt »ausgefüllt« wird und dabei die Brummstimme eingesetzt wird.
Foto: Firma Hermann, Coburg.

**19 Laden** um 1910; Verkauf auch von Spielzeug und Teddybären.

18

19

**Hilfen zur zeitlichen Einordnung von Steiff-Bären**

Eine kleine Knopf- und Markenkunde

| Zeit | Knopf | Marke | Schild |
|---|---|---|---|
| 1903/1904 | Kleiner Nickelknopf mit der Abb. eines Elefanten oder Namenszug STEIFF in großen Druckbuchstaben. | Runde Marke mit der Abb. eines Elefanten auf Rädern; Initialen M.St.; Fabrik-Marke (gedruckt). | Am Knopf im Ohr mit Registriernummer befestigt – Farbe: weiß. |
| 1905 bis 1910 | Kleiner Nickelknopf ohne oder mit Aufschrift STEIFF in Druckbuchstaben. | Sechseckige Marke mit »eckig« gestaltetem Bärenkopf, Aufschrift: Knopf im Ohr. | weiß; |
| 1910 bis 1920 | Kleiner Nickelknopf ohne oder mit Aufschrift STEIFF in Druckbuchstaben. Nickelknopf – Druckbuchstaben, oft letztes **f** leicht gebogen **F**. | Sechseckige Marke mit »eckig« gestaltetem Bärenkopf, Aufschrift: Knopf im Ohr. | weiß; |
| 1920 bis 1930 | Kleiner Nickelknopf ohne oder mit Aufschrift STEIFF in Druckbuchstaben. Nickelknopf – Druckbuchstaben, oft letztes **f** leicht gebogen **F**. | Sechseckige Marke mit »eckig« gestaltetem Bärenkopf, Aufschrift: Knopf im Ohr. Ab ca. 1927 rundes Schild; im oberen Ringteil: »Steiff-Original-Marke«. Eckiger Bärenkopf, nicht mehr mittig, sondern im unteren Abschluß des Ringes. | 1926 rot – 1930 rot, orange; |
| 1930 bis 1950 | Kleiner Nickelknopf ohne oder mit Aufschrift STEIFF in Druckbuchstaben. Nickelknopf – Druckbuchstaben oft letztes **f** leicht gebogen **F**. Verchromter Knopf mit Namenszug »Steiff« in »deutscher« Schreibschrift. | Ab 1950 runder Teddykopf als Abschluß des Ringes. | gelb. |

# Die Geschichte der Firma Gebr. Hermann

**Übersicht der Firma Johann Hermann (und Söhne)**
**(Begründer der Firma Hermann)**

**20 Die Familie Johann Hermann** vor dem 1. Weltkrieg: Johann Hermann mit Frau Rosalie und seinen sechs Kindern. Von links, stehend: Max Hermann und Bernhard Hermann. Archiv-Foto der Firma Hermann, Coburg.

Johann Hermann
1854 – 1919
2 seiner 6 Kinder machten **langjährige** Teddybärengeschichte

---

**Bernhard Hermann**

– Begründer der Teddy-Plüschwarenfabrik Gebr. Hermann KG in Sonneberg (ca. 1920)
– später in Hirschaid bei Bamberg (ca. 1948).

Firmenzeichen einst und jetzt:

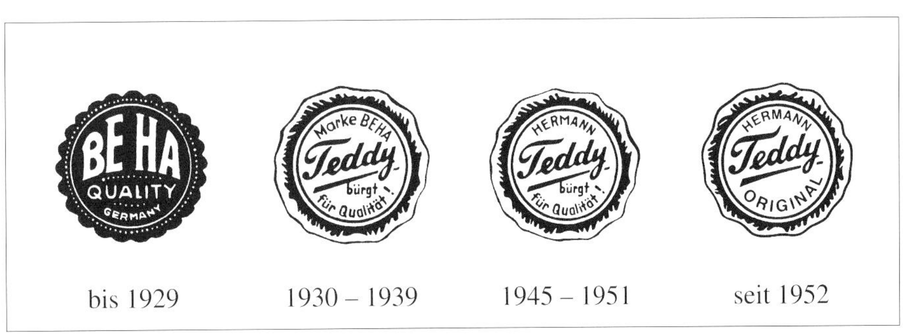


**21 Firmenzeichen:**
Teddy Plüschwarenfabrik Gebr. Hermann KG in Sonneberg u. Hirschaid.

**Max Hermann**
– Begründer der Spielwaren- und Teddybärfabrik Sonneberg (ca. 1920),
– später Hermann Spielwaren GmbH in Coburg/Ofr. (ca. 1949).

Firmenzeichen einst und jetzt:

**22 Etikettplomben, Hermann Spielwaren GmbH, Coburg**
Die Etikettplomben, die zur Kennzeichnung der Teddybären im Zeitablauf verwendet wurden, geben einen wichtigen Hinweis auf die zeitliche Einordnung des Teddybären, wobei zeitliche Überlappungen in der Verwendung zweier aufeinanderfolgender Etiketten meistens gegeben waren
1. spätestens ab 1933 bis Ende der 40er Jahre
2. Ende der 40er Jahre bis Anfang der 50er Jahre
3. Anfang der 50er Jahre bis Mitte der 50er Jahre
4. Mitte der 50er Jahre bis Anfang der 60er Jahre
5. Anfang der 60er Jahre bis Ende der 60er Jahre
6. Anfang der 60er Jahre bis Anfang der 70er Jahre nur für Teddybären aus »Dralon« – Plüsch
7. Ende der 60er Jahre bis heute

Die Firmen Hermann stellen z.Zt. u.a. historische Teddy-Repliken her. Die Auflagen sind limitiert.

**Die Firmengeschichte Max Hermann und Sohn**
Slogan: »Mit Hermann fängt das Spielen an ...«

begrüßt uns die Firma Max Hermann Nachfolger jetzt aus Coburg.

**23 Max Hermann**, der Gründer der Firma Hermann Spielwaren GmbH, Coburg-Cortendorf. Archiv-Foto der Firma Hermann, Coburg.

**24 Das Geburtshaus der »Hermann Teddybären«** in Neufang, einem kleinen Bergdorf in Thüringen nahe der Welt-Spielzeugstadt Sonneberg. In diesem Haus begannen am 24.10.1913 die drei Geschwister Artur, Adelheid und Max Hermann mit der Herstellung ihrer ersten Hermann Teddybären.
Archiv-Foto der Firma Hermann, Coburg.

Es begann damals in Neufang, einem kleinen Gebirgsdorf bei Sonneberg in Thüringen.
Der Heimarbeiter und Spielzeughersteller Johann Hermann führte ein schweres Leben (ca. 1907) mit seinen sechs Kindern, die kräftig mithelfen mußten. Die Kunde der Teddyeuphorie erreichte schließlich auch seinen kleinen Ort, und auch er versuchte sich einzureihen und mitzumachen. So soll am 24.10.1913 sein erster Bär das Haus verlassen haben, denen unzählige weitere dann folgten, wie alte Dokumente und Briefe aus dem Hause heute bezeugen können. 1915 erhielt Johann Hermann als Spielwarenfabrik das Firmenpatent.
Abbildungen der ersten Bären sind verlorengegangen, wie von der Firma Max Hermann berichtet wurde, aber der erste Bär seines Vorfahren soll sehr dem ersten deutschen Teddy-Bären geglichen haben. Während des 1. Weltkrieges berichten Briefe über Schwierigkeiten der Firma, von Nachschubknappheit in der Plüschbeschaffung und dem Fehlen von Aufträgen.
Nach dem Kriege (1919 starb Vater Johann) übernahm Max Hermann das Elternhaus als Arbeitsstätte und machte sich mit seiner Frau, einer gelernten Kauffrau, selbständig und gründete die Max Hermann Fabrik feiner Plüschwaren mit dem Firmenzeichen: »Der Bär mit dem laufenden Hund«.

25

**25 Arbeitsraum** 1930 der Firma Max Hermann. Im Hintergrund der damalig acht Jahre alte Rolf-G. Hermann, der heutige Firmenchef. Archiv-Foto der Firma Hermann, Coburg.

**26 Katalog-Bild** aus dem Teddybären-Katalog, 20er Jahre, der Firma Max Hermann/Sonneberg. Sehr schön zu sehen sind hier die »Clown-Teddys«, die durch ein »C« hinter der Artikel-Nummer gekennzeichnet waren und die damals groß »in Mode« kamen.
Serie 115: Teddybären mit sogenannter »eingesetzter« Schnauze. Hier wurde die Schnauze aus kürzerem Plüsch als der Kopf-Plüsch an den Kopf mit der Nähmaschine angenäht. Teilweise hatte die Schnauze auch eine etwas andere Farbe als der Kopf – sie war heller oder auch dunkler. Sehr schön zu sehen ist auf diesem Bild die Verwendung des sogenannten »gespitzten« Plüsches. Dies ist ein Plüsch, bei dem nur die »Haarspitzen« gefärbt sind.
Foto: Archiv Hermann, Coburg.

26

**27/28 Alte Katalogblätter** um 1920 der Firma Max Hermann, Coburg.

27

28

Johann Hermann
Spielwarenfabrik
Spezialität: Weichgestopfte Plüsch-, Samt- und Filztiere - Puppen und Karikaturen
Bessere Genre Teddy-Bären
D.R.P. D.R.G.M.
Neufang b. Sonneberg, den 1. Sept. 1915

29

30

31

**29 Briefkopf** der Teddybären Manufaktur Hermann in Neufang bei Sonneberg im Jahre 1915.

**30 Erste Nachkriegsfabrikmarke** von Max Hermann + Sohn, Sonneberg und gleichzeitig von Hermann + Co., Coburg.

**31 Stempeldruck** der Teddybärenfabrik Max Hermann in Sonneberg.

Das vom Vater Erlernte, das Können, die Fertigkeit und der Geschäftssinn seiner Frau brachten ihm bald den gewünschten Aufstieg, der zunächst jedoch noch keine internationalen Aufträge bescherte. Um das erreichen zu können, zog er später in das Spielwarenzentrum Sonneberg (1923), wo sich auch seine beiden anderen Brüder Bernhard und Arthur selbständig gemacht hatten.
Der erste marktbestimmende Katalog der Firma Max Hermann erschien, der die ersten Teddys der Firma mit den Nummern 111 bis 115 vorstellte.
Es waren Teddybären mit am Gesicht angeschnittener Nase, die dann jedoch spitz nach vorn ragte. Eine große, steife Hochschleife zierte einen jeden Bären (bis heute), was wohl mit als Markenzeichen von Max Handwerk-Bären anzusehen ist.
Die späteren Bären (Nr. 115) haben die angeschnittene Nase am Gesicht beibehalten. Sie wirkt jedoch im Ganzen runder.
Man verarbeitete guten Mohairplüsch in kürzerem und längerem Flor, in verschiedenen Goldtönen: hellgold, dunkelgold, caramel und »gesprenkelt« gespritzt. Mitte der zwanziger Jahre begann man mit dem Export über die Firmen Borgfeldt & Co. und Woolworth, die Kontaktstellen in Sonneberg innehatten. Max Hermann spezialisierte sich jedoch in erster Linie mit dem Export nach England (Marks & Spencer), was ihm 1929 nach dem Pfundsturz fast das »Genick« brach. Über Nacht war das Pfund um 50% gefallen, was seine Exportgeschäfte zunichte machte.
Die Weltwirtschaftskrise tat noch das Weitere dazu. Max Hermann lernte daraus, sein Kapital zu verteilen, um nicht wieder mit einem Schlag alles zu verlieren, baute sein Unternehmen erneut auf und erreichte bald den Eintrag ins Handelsregister Sonneberg. Trotzdem schaffte er während des Dritten Reiches nicht den Sprung über den »großen Teich«, da auf inländischen Vertrieb Wert gelegt wurde. Während der Krisenzeit hatte die Firma erneut eine schwere Zeit zu überstehen.
Eine Mohairknappheit wurde mit Kunstseidenplüsch und anderen unterschiedlichen Stoffen ausgeglichen. Man ging sogar so weit, daß der Kunde sein Material selbst mitbrachte, was die Firma dann verarbeitete.
Nach dem Krieg und nach der Aufteilung Deutschlands wurde Sonneberg sowjetische Besatzungszone, in der die meisten Spielzeugfabriken, die vorübergehend auf Rüstung umgestiegen waren, geschlossen wurden. Max Hermann konnte weiter pro-

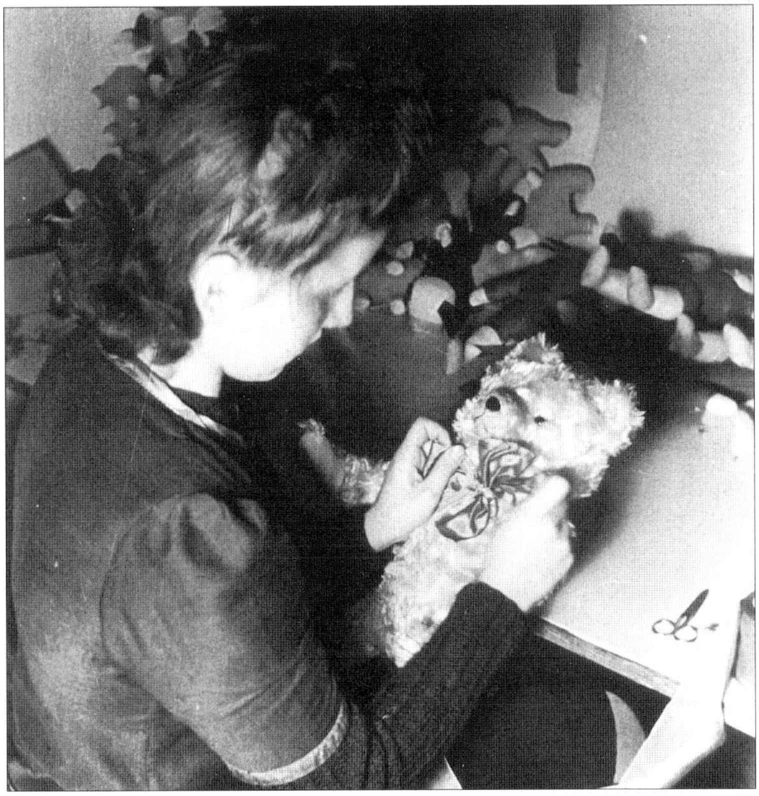

32

33

**32 Schleifenbinden** an Teddybären. »Markenzeichen« der Hermann-Bären. Foto: Archiv Hermann, Coburg.

**33 Ausstellungsstück** der Firma Max Hermann, Frühjahrsmesse 1947 in Leipzig. Archiv-Foto: Firma Hermann, Coburg.

**34 Max Hermann Teddybären** aus den 30er Jahren, hergestellt in Sonneberg.
Im Vordergrund sehen Sie die kleinen Teddybären, gekleidet als Seppl und Dirndl, die die gleichen sind wie die Max Hermann Teddybären, die heute im Sonneberger Spielzeugmuseum stehen, von 1933 (Bändertanz).
Rechts: Großer sitzender Bär mit langem Mohairplüsch, gebogenen Armen und großen Füßen.
Höhe: ca. 70 cm
*Preis: Liebhaberpreis, nicht unter 2.500,–*
Mitte: Weißer Mohairbär, seltene Farbe.
Höhe: ca. 50 cm
*Preis: Liebhaberpreis, nicht unter 2.000,–*
Links: Schwarzer Bär, sehr selten.
*Liebhaberpreis.*
Foto: Archiv Hermann, Coburg.

34

**35 Teddybären aus »Kundenmaterial«,** aus der »Not« heraus, kurz nach dem 2. Weltkrieg 1946/47.
Foto: Archiv Hermann, Coburg.

duzieren – im Kleinen -, da er nie damit aufgehört hatte. Er nahm an der ersten Leipziger und Kölner Messe teil und begründete mit seinem Sohn den Betrieb: Max Hermann und Sohn, Sonneberg.
1953 floh er mit seinem Sohn zu seiner schon vorher (wohlweislich) angelegten Tochterfirma nach Coburg, aus der sich eine große und international bekannte Markenfirma stabilisiert hat.
Linie Max Hermann-Bären sind heute weltweit bekannt.

**Die Firmengeschichte Bernhard Hermann**
Wer kennt heute nicht diese Plakette?

Und so hat es begonnen ...

Parallel zu den Max Hermann Teddybären setzte auch sein älterer Bruder Bernhard die häusliche Tradition fort, machte sich zu Beginn der zwanziger Jahre selbständig

**36 Hermann Teddy-Original**
(Schriftkopf + Marke)

**37 Die Hermann Familie** (heute Hirschaid). Bernhard Hermann mit seiner Frau Ida und seinen vier Söhnen Hellmut, Artur, Werner und Horst um 1929.

und schuf in Sonneberg eigene Kreationen unter dem ersten Markenzeichen *Be Ha* (Bernhard Hermann). Er spezialisierte sich über die U.S.A.-Kontaktstellen in Sonneberg in erster Linie auf den Export und lieferte mit Erfolg seine Teddybären (mit Scheibengelenken) in allen Größen – bis 80 cm – und aus unterschiedlichem Mohair (kurz, lang, gelockt) in die »Neue Welt«. Der heute sogenannte »Wackelschwanzbär« – Kopf-Schwanz-Mechanismus (im Katalog als lenkbarer Kopf-Bär bezeichnet), wie auch Schuco ihn ähnlich herausbrachte, Jungbären mit Gummisauger und Bären mit großen Schielaugen, auch fahrende Bären aus farbigem, langflorigem Zottelplüsch und Lederhalsband und Holzrädern gehörten in den zwanziger Jahren zum Sortiment.

Bernhard Hermann hatte vier Söhne, die sich in Handels- und Industrieschulen ihrer Heimatstadt für die zukünftige Arbeit im elterlichen Betrieb ausbilden ließen. (Der jüngste Sohn verstarb 18jährig).

Nach dem 2. Weltkrieg startete Bernhard Hermann mit seinen drei Söhnen, die sich inzwischen alle fachlich spezialisiert hatten, ca. 1948 mit der »Teddy-Plüschwarenfabrik Gebr. Hermann KG« in Hirschaid bei Bamberg einen Neuanfang. Bernhard Hermann starb 1959. Seine drei Söhne setzten das »Erbe« ihres Vaters erfolgreich fort, so daß die heutige Hermann Teddy Original Kollektion über 420 Plüschspieltiere in allen gewünschten Formen, Farben und Ausführungen umfaßt. An erster Stelle rangiert in der Produktion der Teddybär. Tausende Teddys treten Jahr für Jahr von Hirschaid aus die Reise in die ganze Welt an. Geübte Fachkräfte, die z.T. schon seit Jahrzehnten mit der Firma verbunden sind, sorgen für die formgerechte und erstklassige Verarbeitung. Täglich entstehen so ca. 1.000 Plüschspieltiere, die nicht vom Fließband kommen, sondern in reiner Handarbeit gefertigt werden. Der Nostalgiebär, der nie aus dem Sortiment genommen wurde, ist auch heute noch, wie im Gründungsjahr, aus reinem Mohairplüsch, mit Holzwolle gefüllt und auf Scheiben gearbeitet. (Aus dem Firmenkatalog der Firma Bernhard Hermann.) Linie: Bernhard Hermann-Bären sind heute auch weltweit ein Begriff.

# Die Firmengeschichte Schreyer + Co (Schuco)

Im Jahre 1907 versuchte sich Heinrich Müller – siebzehnjährig – in beweglichem Spielzeug in Eigenproduktion. Er hatte unendlich viele Ideen, denen es an Vollkommenheit mangelte und die er nicht recht in die Tat umsetzen konnte. Zudem fehlte es ihm am Startkapital bei seinen »Experimenten«. Eine Anstellung bei der Firma Bing

**38 Schuco »Ja-Nein«-Bär** um 1923,
Originalkleidung.
Höhe: 35 cm
*Preis: ca. 1.800,– bis 2.500,–*
Foto: Christie's, London.

ermöglichte es ihm dann jedoch, sich schnell im Konstruieren und in der Technik des beweglichen Spielzeuges einzuarbeiten. Er erlernte *das* Handwerk, das schließlich zur Verwirklichung seiner Träume führen sollte. Ein Partner, Herr Schreyer (als Geldgeber) gründete, von Heinrich Müllers Fähig- und Fertigkeiten überzeugt, mit ihm gemeinsam 1912 die Schuco-Werke, die sich auf die Herstellung von Miniaturen und mechanischen Teddybären konzentrierte, später auch auf mechanisches Spielzeug und Fahrzeuge.
Nach dem 1. Weltkrieg startete Heinrich Müller mit Adolf Hahn (als Geldgeber) einen Neubeginn. Nach einem schnellen Aufschwung konnte sich die Firma trotz Inflation, Weltwirtschaftskrise und Kriegsgeschehen behaupten und erfolgreich durchhalten. 1958 starb Heinrich Müller. Zu dieser Zeit beschäftigten die Schuco-Werke ca. 800 Arbeiter und Angestellte, bis sie Ende der siebziger Jahre in Konkurs gingen. Die Konkurrenz ausländischer Firmen (Asien, Japan), die mit mechanischem »Billigwaren«-Spielzeug den Markt überschwemmten, siegte über die gute »deutsche Wertarbeit«.
Nicht nur Teddybärsammler erkannten im Vergleich zum neuen ausländischen Marktangebot die wertvollen Arbeiten, das fachliche Können und die Sorgfalt, die bei Schuco-Produkten angewandt wurden. Wie eine Seuche brach nun Ende der siebziger Jahre das Schuco-Fieber aus, vor allem unter den Schuco-Autosammlern.
Aber auch die Teddybären dieser Firma erhielten einen hohen Stellenwert in bezug auf Sammelwürdigkeit im Vergleich zu zeitgleichen Firmen:
Schuco arbeitete bei Teddybären mit einem »Grundskelett«, das von Plüsch (gepolstert) überzogen wurde. Typisch für diese Firma war seine Mechanik, mit der viele Bären ausgestattet wurden. Angetrieben durch Federmotoren und Schlüsselaufzüge lernten die Bären laufen, Purzelbaumschlagen, Rad- und Rollerfahren etc. Ausgefallen war der sogenannte »Janus«-Teddybär mit den zwei Gesichtern. Er entstand ca. 1955 und ist ein kleiner 9-cm-Bär mit zwei Gesichtshälften:
a) ernstes »normales« Bärengesicht,
b) Bär steckt Zunge heraus.
Mit Hilfe eines Drehmechanismus läßt sich der Bärenkopf in die gewünschte Richtung bewegen.
Berühmt und heute sicher allen Sammlern gegenwärtig sind auch die kleinen Bären in Pagenuniformen und die Clown-Bären in Filzkleidung.
Der sogenannte »Ja-Nein-Bär« z.B. ist weltberühmt geworden und ein teures und begehrtes Sammelobjekt: Ein Mechanismus bewirkt gleichzeitige Schwanz- und Kopfbewegung, die den Bären ja und nein andeuten läßt. Ja-Nein-Bären gibt es in unterschiedlichen Größen, am häufigsten unter 50 cm.
Schuco Mini-Bären (6 – 9 cm) wurden und werden gern als Maskottchen genommen. Als Berliner Bär wurde er mit »Krone« vermarktet.
Die Familie Karl Bär (heißt wirklich so!) setzt unter eigenem Namen nach alter Schuco-Tradition die Herstellung der Mini-Bären in Coburg fort.
Die Firma Schuco erlosch, aber bald darauf erlebten jedoch die Schuco-Artikel einen Sammlerboom.

# Die Firmengeschichte der Gebrüder Bing

## Zeit von ca. 1890 bis 1938 in Deutschland

Die Firma der Gebrüder Bing ist heute in erster Linie durch ihr berühmtes lithografisch farbig bedrucktes Blechspielzeug bekannt, das damals um die Jahrhundertwende weltweit Aufsehen erregte. Das Verfahren der Lithografie war auf diesem Gebiet neu und löste die z.T. gröbere Handmalerei ab. Außerdem stellten sie Küchengeräte aus Blech und Emaille her.

Ca. 1907, nach dem großen Durchbruch der Firma Steiff und deren Exporterfolgen mit den Teddybären, nahm auch die Firma der Gebr. Bing Plüschtiere und Teddybären in ihr Firmenprogramm auf. Ähnlich wie die Bären der Firma Schuco wurden viele Kreationen mit Bewegungsmechanismen ausgestattet, so daß sie purzeln, laufen oder klettern konnten. Sie trugen dabei Kleidung und hatten ein lustiges Äußeres, was damals bei den Kindern großen Anklang fand. Die Firma erhielt bald das Patent für bewegliches Spielzeug und versah ihre Exemplare mit einem Metallschild mit der Aufschrift DRP DIV DRGM.

Der »klassische« Teddybär wurde – wie bei der Konkurrenz – aus feinstem Mohair hergestellt und mit Holzwolle gefüllt. Schuhknopfaugen gaben ihm den gewissen unendlich »traurigen« Blick.

Nach einem heftigen Streit mit der Firma Steiff durften die Gebr. Bing ihr Firmenzeichen, einen Knopf, der anfangs ebenfalls im rechten Ohr des Bären befestigt wurde, nicht verwenden. Ein größerer, leichtgewölbter Metallknopf mit den Initialen GB = Gebrüder Bing Nürnberg – wurde darauf als Kennzeichen unter dem linken Arm angebracht.

Nach 1919 änderten sich die Initialen in B.W. = Bing Werke.

Bing Bären zeichnen sich durch kleinere Ohren, ziemlich flache Nasen und Schuhknopfaugen aus. Die ersten Bären der Firma sind denen von Steiff ziemlich ähnlich und haben den Charme der frühen Bären. Sie sind nicht so hart gestopft, haben lange Arme, einen Buckel und große Füße.

Der Sammler bezahlt diese Teddys in gutem Zustand mit einem Liebhaberpreis. Die Firma bekam Probleme während der Weltwirtschaftskrise und während der Hitlerpolitik. Die Herstellung von Bing Bären fand hier ihr Ende.

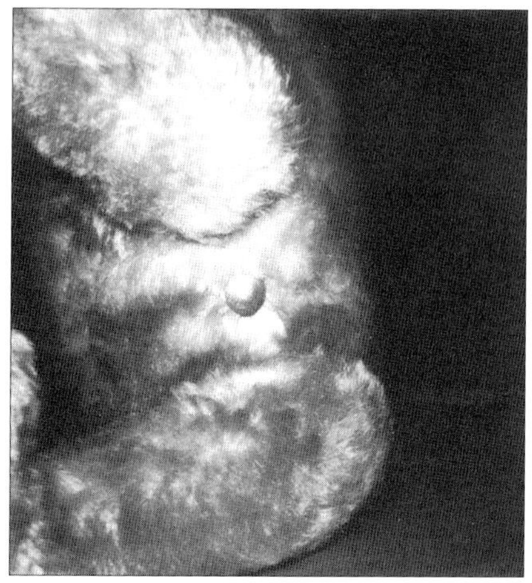

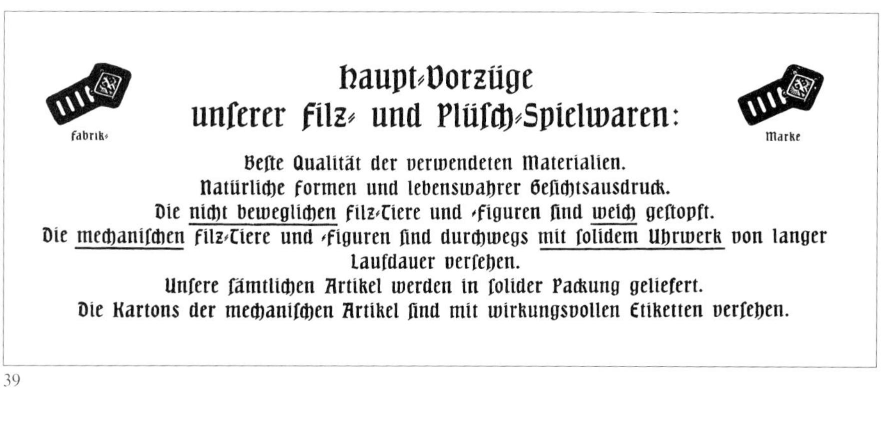
Haupt-Vorzüge
unserer Filz- und Plüsch-Spielwaren:
Fabrik- Marke

Beste Qualität der verwendeten Materialien.
Natürliche Formen und lebenswahrer Gesichtsausdruck.
Die nicht beweglichen Filz-Tiere und -Figuren sind weich gestopft.
Die mechanischen Filz-Tiere und -Figuren sind durchwegs mit solidem Uhrwerk von langer Laufdauer versehen.
Unsere sämtlichen Artikel werden in solider Packung geliefert.
Die Kartons der mechanischen Artikel sind mit wirkungsvollen Etiketten versehen.

39

40

41

**39 Abdruck** über die Hauptvorzüge der Filz- und Plüschspielwaren der Firma Bing, Nürnberg.

**40 Originalknopf** des Markenzeichens der Firma Bing, Nürnberg, nach 1910 unter dem linken Arm des Bären.

**41 Früher Mohairbär** der Firma Bing mit Schuhknopfaugen (sehr ähnlich den frühen Steiff-Bären) um 1910/15.
Höhe: 36 cm
*Preis: ca. 2.000,– bis 2.500,–*

**42 Original Katalogseite** der Firma Gebr. Bing, Nürnberg um 1910.

Neben den eben erwähnten Firmen der Teddyherstellung sind selbstverständlich viele Parallelfirmen nicht untätig gewesen und haben in den »Bärenjahren« ordentlich »mitgemischt«. So seien hier nur noch erwähnt:

- Um ca. 1920 die Firma Althans KG in Neustadt-Birkig –,
- Baki-Plüschwaren in Rodach bei Coburg,
- in den U.S.A. 1904 die Ideal Novelty + Toy Company (ab 1940 Knickerbocker Toy Co. Inc.),
- in England die Dean's Co. Ltd., Merrythought Ltd. (ca. 1930), Chad Valley (1927),

u.a. (siehe Buchhinweise im Literaturverzeichnis).

**Weichgestopfte Plüschtiere** — Animaux en peluche, rembourrage souple.
*Plush Animals softly stuffed.* — Animales de peluche, con relleno suave

| | | mit Stimme<br>avec voix<br>*with voice*<br>con gruñido | | | mit automatischer Brummstimme<br>avec voix automatique<br>*with automatic growling voice*<br>con gruñido automático | | | | |
|---|---|---|---|---|---|---|---|---|---|
| | | 15 | 17 | 22 | 25 | 28 | 35 | 43 cm | Sitzhöhe<br>hauteur assis<br>*high sitting*<br>altura sentados |
| 280/10 | **Mohair, weiß**<br>Mohair blanche<br>*Mohair, white*<br>Mohair blanco | Mk. 1.30<br>*frs. 1.60* | 1.70<br>*2.15* | 2.80<br>*3.50* | 4.—<br>*5.—* | 4.85<br>*6.—* | 8.30<br>*10.50* | —<br>— | Stück — pièce<br>*each* — pieza |
| 280/11 | **Mohair, goldgelb**<br>Mohair jaune d'or<br>*Mohair gold yellow*<br>Mohair amarillo de oro | Mk. 1.30<br>*frs. 1.60* | 1.70<br>*2.15* | 2.80<br>*3.50* | 4.—<br>*5.—* | 4.85<br>*6.—* | 8.30<br>*10.50* | 12.75<br>*16.—* | Stück — pièce<br>*each* — pieza |

**Mohair, weiß, mit Patentgliederung und Brummstimme**
Mohair blanche, articulé et avec voix
*Mohair, white, with patented jointed legs, with growling voice*
Mohair blanco, con articulaciones patentadas y gruñido

295/60/2 35 cm lang / long / *long* / largo Mk. 4.60 / *frs. 5.75* Stück / pièce / *each* / pieza

42

# Die Firmengeschichte der Gebrüder Süssenguth

Die Fabrik in Neustadt bei Coburg hatte in damaliger Zeit (ca. 1924) eigentlich nicht das rechte Glück mit ihrer »Erfindung« des Teddy-Bären »Peter«. Er sollte ein möglichst realistischer Bär werden, der seine Augen rollen lassen konnte, Zähne zeigte und die rote Zunge im offenen Maul erblicken ließ. Er flößte den Kindern jedoch Furcht ein und ließ sich dadurch schwer verkaufen. »Peter« versprach nicht, was man von dem typischen Teddy erwartete. Er wurde in zwei Größen hergestellt – 42 cm und 34 cm. Da er kaum in den Handel gelangte, gibt es heute nur sehr wenige Exemplare für den Sammler, der nun alles Rare begehrt. Der Peter-Bär wird deshalb hoch bezahlt (Abb. 93, 244/245).

Das Sammeln neuer Teddy-Bären nimmt erkennbar deutlich weltweit zu. Man könnte bereits auch hier von einem »Boom« sprechen: Neue Teddybären sind preislich erschwinglich, unverändert ansprechend und auch selbst herstellbar (Hobby). Sammler findet man dabei in allen Altersstufen und Gesellschaftsschichten.
Dieses Sammelgebiet verdient besondere Aufmerksamkeit und sollte in einem gesonderten Buch zum Ausdruck gebracht werden.

**43 Rolf-G. Hermann**, der heutige Firmenchef der Hermann Spielwaren GmbH in Coburg-Cortendorf inmitten seiner neuen Bären. Abbildung von 1993.

# Sonstige Sammlerbären

**44 Sonneberger Räderbär** um 1920, Kurzhaarplüsch, Schuhknopfaugen mit Abbildung des originalen Besitzers.
Höhe: 75 cm
*Preis: ca. 1.500,– bis 2.000,– (Zustand!)*
Foto: Auktionshaus Christie's, London.

Zur Kurzinformation hier einige Firmen, die heute Sammlerbären herstellen:

Max Hermann GmbH, Coburg
Teddy Plüschwarenfabrik Bernhard Hermann, Hirschaid
Althans KG, Neustadt-Birkig
Firma Margarete Steiff GmbH, Giengen/Brenz
Sigikid, H. Scharrer und Koch GmbH, Mistelbach
K. + H. Bär, Neustadt/Coburg
Heunec Plüschwaren KG, Neustadt/Coburg
Grisly-Spielwaren GmbH & Co. KG, Kirchheimbolanden
Clemens Spieltiere GmbH, Kirchardt
Baki Plüschwaren, Baumann & Kienel KG, Rodach bei Coburg u.a.,
hinzu treten viele Teddymacherinnen, die professionell oder als Hobby Teddybären in Heimarbeit herstellen.

**Bären als Rädertiere**
Rädertiere sind keine eigentlichen Teddybären, werden aber in Sammlungen begrenzt aufgenommen.
Frühe Rädertiere bis ca. 1925 haben Eisenräder, spätere Spielzeuge Holz- oder Blechräder.
In erster Linie werden die frühen Ziehspielzeuge gesucht, jedoch nicht so hoch bezahlt wie Teddybären.

**Miniaturbären (ca. 10 cm)**
Kleine Teddybären sind begehrte Sammelobjekte und finden vielerlei Verwendung: als Dekoration für die Puppensammlung, als Maskottchen (z.B. Berlin-Bär), als Sammelobjekt für die reine Bärensammlung, zur Herstellung einer Bärenschulklasse usw.
So ist es nicht verwunderlich, daß Miniaturteddys im Verhältnis zu ihren großen »Brüdern« und »Schwestern« relativ hoch im Preis sind. Auch hier werden Unterschiede gemacht!
a) Farbe: schwarz, weiß, Panda (begehrt).
b) Form: frühe Form, lange Arme, große Füße (begehrt).
c) Mechanismus: Ja-Nein-Mechanismus, Überschlagteddy (begehrt).
d) Marke: u.a. Steiff (besonders vor 1910), Schuco, Bing (begehrt).

Gern werden auch Miniaturbären mit Mechanik in die Sammlung aufgenommen, siehe Abbildung 44 sowie Katalogteil.

# Die Bärenparade der geliebten unbekannten Bären – und Szenerien zur Erbauung

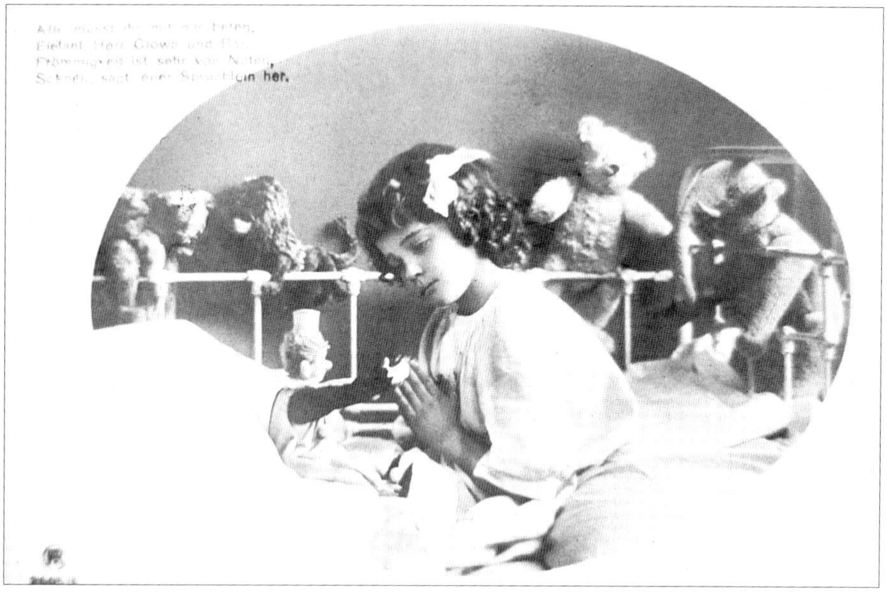

**45 Mit Steiff-Spielwaren spielt es sich gut.**
Zeitgenössische Fotografie um 1920.

Die »Stiefkinder« unter den Bären sind oft die »Namenlosen«, besser die Bären, bei denen die Firmen schwer oder gar nicht bestimmbar sind. Namenlos waren sie sicher nicht. Viele Exemplare zeigen derart herzliche Gebrauchsspuren, daß sie sicherlich eine feste Bezugsperson aufweisen können.
Ein kürzlich geführtes Gespräch mit einem Mediziner bestätigte die im Vorwort schon angesprochene Bedeutung des Teddybären für den Menschen, wobei Firmen und Sammelkriterien keine Rolle spielen. Seine Erfahrungen sollen hier kurz zu Wort kommen:

Dr. med. Wilhelm C.F. Cohrs
Arzt für Allgemeinmedizin
Fa: »Spiel Dich Gesund« – Spielen als Medizin –

**Wie der Teddy zur Therapie kam**
In meiner 15jährigen Praxis als Arzt für Allgemeinmedizin mit einem großen Anteil an Kindern konnte ich in sehr bedrückenden, aber auch in fröhlichen Situationen Kontakte mit meinen Patienten suchen und pflegen. Wie dankbar kann ich vielen Puppen, Teddys und Plüschtieren sein, weil sie mir geholfen haben, das Vertrauen gerade in der Anfangsphase zu meinen verängstigten Patienten aufzubauen.
Ich erlebe diese Individuen praktisch als Dolmetscher von unserem Erwachsenenverhalten zu den Gefühlen und dem Denken der Kinder.
Der Umgang mit den Menschen und ihren Gefühlen ist ein faszinierendes und abenteuerliches Unternehmen.

48,– ISBN 3-89441-130-9

68,– ISBN 3-89441-080-9

28,– ISBN 3-89441-155-4

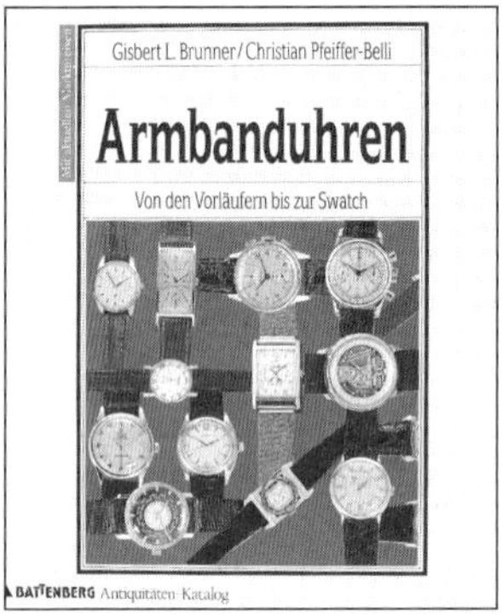


48,– ISBN 3-89441-157-0

68,– ISBN 3-89441-245-3

24,80 ISBN 3-89441-057-4

68,– ISBN 3-89441-235-6

48,– ISBN 3-89441-032-9

48,– ISBN 3-89441-970-9

68,– ISBN 3-89441-028-0

68,– ISBN 3-89441-264-X

68,– ISBN 3-89441-025-6

Auf der Suche nach besserem Handwerkszeug für meine Arbeit geriet ich mehr durch Zufall an die Ideen zur Transaktionsanalyse (das hat nichts mit Psychoanalyse zu tun!)[1–4]

Bei der Vorbereitung eines Vortrags »Über die Wahrnehmung der Bedürfnisse des Kindes« (Nov. 91), wurde mir die grundlegende Bedeutung des »freien spielerischen Kind-Ichs« für alle Lebensalter bewußt.

Da geschah im April 92 etwas zunächst scheinbar Unbedeutendes. Es kreuzte »Hans«, mein erster Scheiben-Teddy, meinen Weg. Dann geriet ich an eine Teddy-Macherin, die mir »Max« und weitere Informationen über die faszinierende Welt der Teddys einimpfte.

Jetzt nahm das Schicksal seinen Lauf. Der Kontakt zu führenden Teddy-Herstellern hatte eine Invasion von Teddys von möglichst unterschiedlicher Form, Farbe, Größe und Material zur Folge. Keiner glich dem anderen, jeder hatte seine eigene Ausstrahlung und Wirkung auf mich und mein Umfeld.

Der Platzbedarf meiner neuen Hausbewohner konnte glücklicherweise durch Umzug in meine Praxis »gesichert« werden. Es hatte sich bei meinen Patienten ohnehin schon herumgesprochen, daß mich ein neues Hobby gepackt hatte. – Jetzt war es offensichtlich.

Ich hatte zunächst vermutet, daß besonders die Kinder darauf ansprechen würden. Zu meiner Überraschung wurde ich aber vermehrt von meinen erwachsenen Patienten auf meine Teddys angesprochen.

Diese Erfahrung hat mich neugierig gemacht. Interessieren sich die Erwachsenen dafür im Interesse ihrer Kinder, oder steckte mehr dahinter?

Wenn meine kleinen Patienten so richtig krank sind und ängstlich die ersten Kontakte in meiner Praxis knüpfen müssen (dürfen), sehe ich sie fast ausschließlich mit ihrem abgeliebten Lieblingsplüschtier oder -puppe. Allerdings nur, wenn die Eltern es erlauben![5]

Bei besseren Voraussetzungen und wiederholten Kontakten freue ich mich schon darauf, die übrigen Plüschtiere, Teddys oder Puppen, aus ihrem nächsten Spielkreis

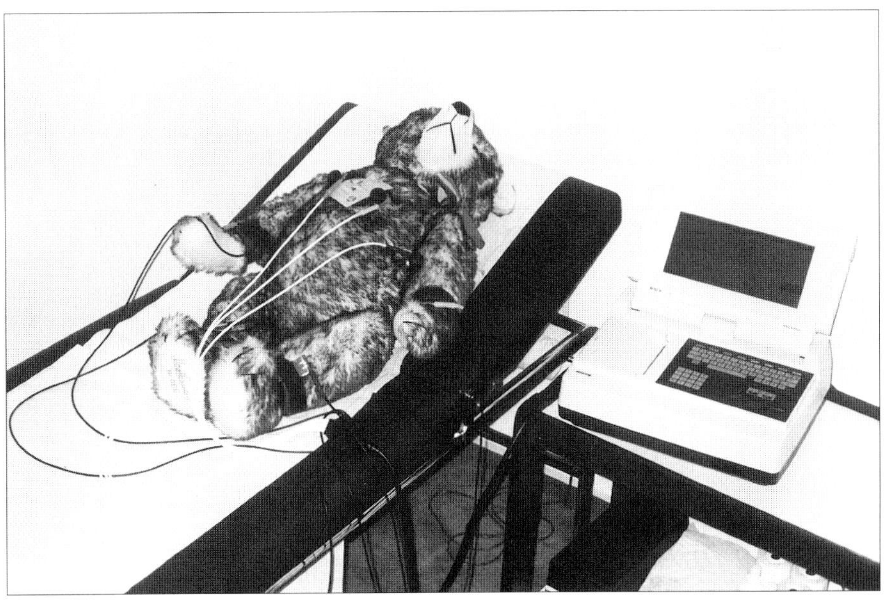

46 »ohne Worte«

kennenzulernen. Da verstehen wir uns recht gut. Meine kleinen und heranwachsenden Patienten kennen meine Begeisterung für meine eigenen Teddys und spüren auch, daß ich ihre Lieblinge mag. Bei diesen Patienten bin ich ganz sicher: Wenn es auch mal Kummer und Tränen gab, kommen sie doch gerne wieder.

Wenn die Neugier und das Interesse an meinen Teddys bei den Kindern nicht so groß war, wie ich es erwartet hatte, lag für mich der Schluß nahe, das Interesse der Erwachsenen daran bewußt in die Behandlung mit einzubeziehen.

Ich habe den Eindruck, daß neben den klassischen Krankheitsbildern doch zunehmend seelische Belastungen, Ängste, Trauer, Unsicherheit zum Arzt führen. Bei vielen dieser Patienten erlebe ich plötzlich eine andere Art, sich zu öffnen, über eigene Gefühle und eigene Bedürfnisse zu reden.

Wenn ich zum Beispiel einen meiner kleinen Plüschfreunde auf den Schreibtisch zwischen mich und meinen Patienten setze, sein Fell streichele, seinen Namen nenne und noch etwas zu seiner Geschichte erzähle, ist die Atmosphäre in meiner Sprechstunde entspannt und offen für alles Weitere. In dieser Situation wird immer häufiger über die eigene Kindheit nachgedacht und auch darüber, ob nicht sogar der alte Teddy existiert.

Ich habe das Gefühl, daß dieser erwachsene Mensch weniger an seine Kindheit an sich, sondern mehr noch an das Gefühl der Geborgenheit, des Trostes erinnert wird, wieder einmal frei zu sein von »immer nur Verantwortung tragen«.

Der Botschafter für diese Gedanken ist hier eindeutig der Teddy. In diese Stimmung paßt dann meine Frage: »Wo ist die Viertelstunde (die Zeit) am Tag, in der Du etwas für Dich tust, was keinen Sinn hat, außer, daß es Spaß macht, und zwar ohne Schuldgefühle«?!

Inzwischen konnte ich eines meiner Sprechzimmer mit einer gut belüfteten Glasvitrine schmücken, die man auch öffnen kann. Sofort hat eine Auswahl von Teddy-Repliken von den Anfängen der Teddygeschichte bis heute diese Vitrine besetzt.

Es ist sehr interessant, das Verhalten meiner dort wartenden Patienten zu erleben oder spontan beschrieben zu bekommen. Auch die Auswahl der Lieblinge unter diesen Teddys ist sehr unterschiedlich und für mich ein Anlaß, über diese Empfindungen und ausgelösten Erinnerungen zu sprechen.

Ich erlebe für mich in der Beschäftigung mit der Geschichte der Teddybären und der bewußten Auswahl der Repliken der verschiedenen Epochen einen Einblick in ein Stück Kulturgeschichte.

Welche Bedeutung, besonders in wirtschaftlich schlechten Zeiten, der Teddy für die Menschen hatte, wird hierbei sehr deutlich. Weshalb der Teddy zur Zeit wieder einen solchen Zulauf bekommt, scheint mir weniger wegen materieller Schwierigkeiten erklärbar zu sein. Vielleicht ist es mehr der Mangel und der Bedarf an Zuwendung und die Erlaubnis, Gefühle zeigen zu dürfen. Ich wünsche jedem, der es wünscht und braucht, seinen persönlichen Teddy!

*Dr. Cohrs*

**Literatur:**

[1] Thomas A. Harris: Ich bin OK, Du bist OK, Sachbuch, rororo,
[2] Amy Björk Harris: Einmal OK, immer OK, Sachbuch, rororo,
[3] Dr. med. Eric Berne: Spiele der Erwachsenen, Sachbuch, rororo,
[4] Claude Steiner: Wie man Lebenspläne verändert, dtv,
[5] Hans Wilhelm: Wenn ich Dich nicht hätte ..., Carlsen-Verlag

**47 Ein heißgeliebter Teddy wird repariert:** oben links vorher, unten nachher. Füllung, Scheibengelenke, Spiralen sichtbar.
Fotos und Copyright: Prof. Dr. Joachim Reichstein.

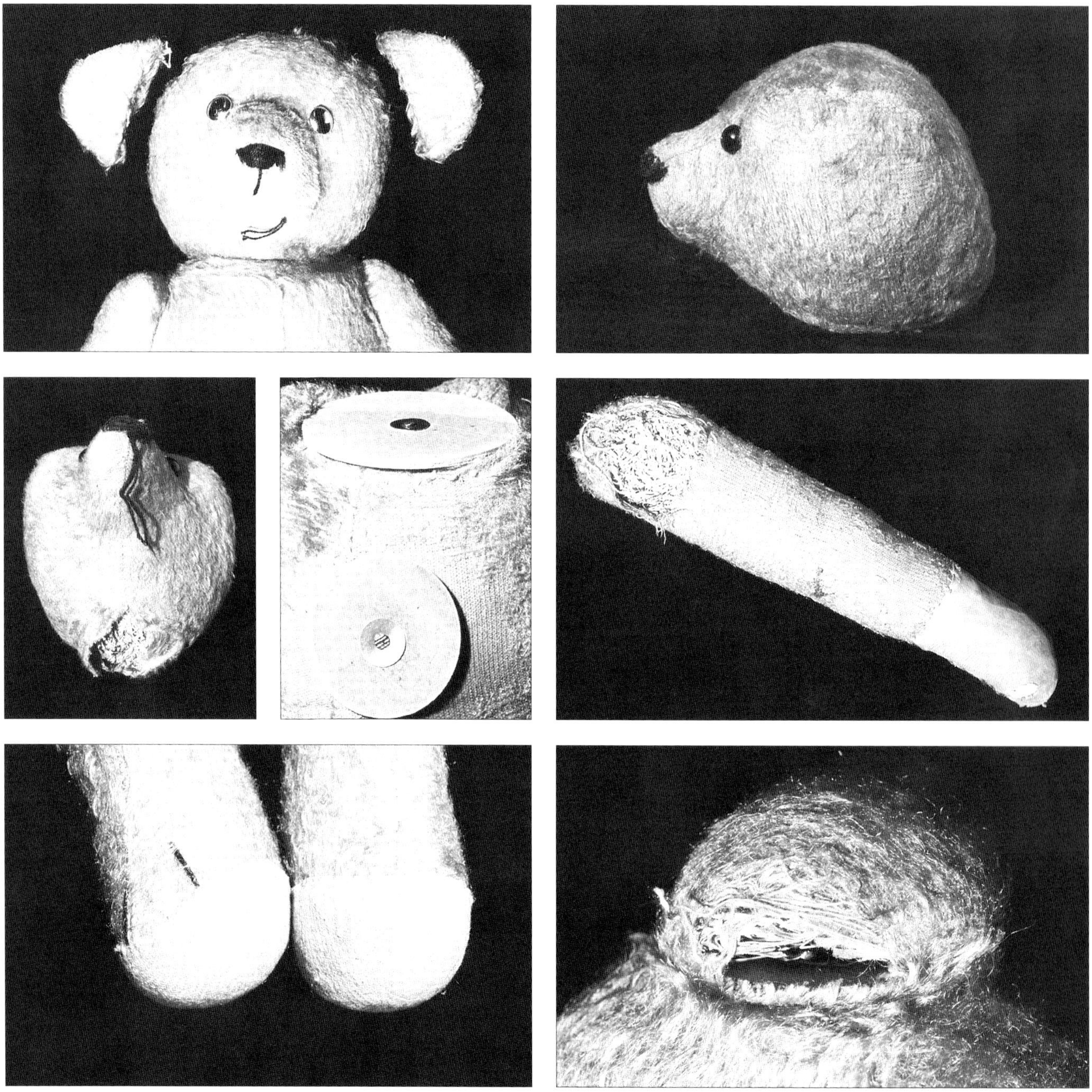

**48/49** Die Abbildungen zeigen deutlich die Stellen, an denen der Teddybär am häufigsten »gelitten« hat: Es sind stets die Stellen, an denen etwas angesetzt (Ohren) oder beweglich ist (Arme, Beine).

Für uns Sammler wird durch diese Abbildung das Innenleben des Bären auch ohne Worte dokumentiert und zeigt alle Details zur Herstellung eines Bären auf.
Foto und Copyright: Prof. Dr. Joachim Reichstein.

**50 Kinder lieben Teddybären.**
Realistische und eindrucksstarke Szenen aus dem täglichen Umgang mit dem Teddy
Fotos: Hildegard Wegner.

# Katalogteil

**51 »Bändertanz«**
Max Hermann Teddybären von 1933
(heute im Sonneberger Museum).
Foto: Archiv Hermann, Coburg.

51

52

53

**52/53 Elefantenknopfbär** mit einer Metallaufhängung (siehe auch Abb. 10), die in den Jahren 1904/05 von Steiff verwendet wurde.
Der Bär hat einen sehr harten und etwas dicklichen Leib, lange Arme, große Füße. Den Namen erhielt er durch den Knopf im Ohr, der einen Elefanten (frühes Steiff-Zeichen) darstellt.
Höhe: 40 cm
*Preis: Absoluter Liebhaberpreis, ca. 10.000,– bis 15.000,–*

**54/55 Elefantenknopfbär;**
sehr früher Steiff-Bär um 1905, die schwarze Siegellacknase (original) ist ersetzt durch eine gestickte Nase, der Körper hat oben abgebildetes Metall-Skelett und ist sehr hart gestopft.
Höhe: 40 cm
*Preis: Absoluter Liebhaberpreis, ca. 10.000,– bis 15.000,–*

54

55

56

**56** Sehr seltener und gut erhaltener **»Teddy-Clown«** um 1930 mit Original-Mütze mit Pompons und Halskrause aus Filz.
Höhe: ca. 25 cm
*Preis: Liebhaberpreis, nicht unter 6.000,–*
Sammlung: Elke Kraus

**57** **»Petsy-Bären«** von Steiff um 1930, in »gutem« Zustand: langes, fleckig (rötlich-braun) gespritztes Mohair. Besondere Kennzeichen sind die oft übermäßig blauen Glasaugen, die rot gestickte Nase und die rötlich gestickten Krallen. Es kommt auch vor, daß der Petsy-Bär hellblaue »Schielaugen« aufweist (Abb. 192).
Links: Höhe: 22 cm
*Preis: ca. 4.000,– bis 5.000,–*
Rechts: Höhe: 43 cm
*Preis: ca. 8.000,– bis 9.000,–*

57

58

**58 Eine Gruppe von drei alten »Dicky-Bären«** der Firma Steiff um 1930 aus gelbem Mohairplüsch; nicht erhalten sind die typischen Zeichnungen der Innenhand- und Fußflächen mit der Spritzpistole.
Links: 28 cm
Mitte: 32 cm
Rechts: mit Samtschnauze (24 cm)
*Dicky-Teddys kosten ab 6.000,– aufwärts bis Liebhaberpreis.*
© Teddy Museum Berlin, Florentine C. Bredow, Fotoregister.
Foto: Dietrich Graf

**59 Teddys Weihnachten:**
Zwei frühe Bären der Firma Steiff vor 1910, heller Mohairplüsch, sehr guter Zustand des linken, großen Bären, Nasen hell und dunkel bestickt.
Links: Höhe: 75 cm
*Preis: Absoluter Liebhaberpreis aufgrund des guten Zustandes; nicht unter 10.000,–*
Rechts: Höhe: ca. 50 cm
*Preis: ca. 4.500,– bis 7.000,– (bespielt)*

**60 »Der faule Teddybär«**
Großer Steiff-Bär vor 1910 in exzellentem Zustand;
Höhe: 75 cm
*Preis: Liebhaberpreis; nicht unter 10.000,–*

59

60

61

**61 »Auf Reisen«**
Großer früher »Traumbär« der Firma Steiff, (um 1908), heller Mohair, helle gestickte Nase, Schuhknopfaugen, lange Arme, große Füße.
Höhe: 74 cm
*Preis: ca. 8.000,– bis Liebhaberpreis.*
Kleiner Bär aus Sonneberg, um 1920, sehr langer weißer Mohairplüsch, putziges Aussehen durch abstehende, große Ohren.
Höhe: 30 cm
*Preis: ca. 2.000,–*

**62 Früher Steiffbär** mit Schuhknopfaugen um 1905/10 mit langen Armen und großen Füßen in hellem Mohair und Buckel.
Höhe: 70 cm
*Preis: ca. ab 8.500,– und Liebhaberpreis*

62

63

**63 Großer, früher Bär** mit Schuhknopfaugen der Firma Steiff; heller Mohairplüsch, leicht gelockt (beliebt) mit Foto des originalen Besitzers, um 1910.
Höhe: 75 cm
*Liebhaberpreis.*
Foto: Auktionshaus Christie's, London

**64 Zwei frühe Steiff-Bären** mit Schuhknopfaugen.
Großer Bär: 70 cm
*Preis: ca. 9.000,–*
*und Liebhaberpreis*

**65 Früher Steiff-Bär** (links), 1910, (weiße Fahne), Schuhknopfaugen, hervorragender Originalzustand.
Höhe: 75 cm
*Preis: ca. 8.500,–*
*bis Liebhaberpreis*
**Steiff-Bär** (rechts), um 1910, (weiße Fahne), heller Mohairplüsch, guter Zustand, Schuhknopfaugen.
Höhe: 75 cm
*Preis: Auktionspreis 10.000,–*
Foto: Auktionshaus Christie's, London

64

65

66

**66 Besuch bei »Diogenes«.**
Zwei Steiff-Bären um 1910 mit Schuhknopfaugen, bespielt.
Höhe: 50 cm
*Preis je ca.: 2.200,– bis Liebhaberpreis (aufgrund des Zustandes)*

**67 »Ostermalerei«**
rechts: Sehr gut erhaltener Steiff-Bär um 1920, Glasaugen, blonder Mohair, sehr lange Arme und große Füße.
Höhe: 70 cm
*Preis: ca. 5.000,– bis 6.000,–*

**68 »Blumenkränzchen«**
Bärengruppe der Firma Steiff 20/30er Jahre.

67

68

69

70

**69 Steiff-Bären** aus Baumwollplüsch unterschiedlicher Struktur um 1920; Fuß- und Handflächen hier in Nesselstoff; maisfarben, Glasaugen.
Höhe: 32 und 34 cm
*Preis: ca. 2.500,– und Liebhaberpreis*
© Teddy Museum Berlin, Florentine C. Bredow, Fotoregister
Foto: D. Graf

**70 Seltene Bären der Firma Steiff** um 1920/30
links: dunkelbrauner Bär, Glasaugen, lange Arme.
Höhe: 60 cm
*Preis: ca. 6.000,– bis 7.000,– bis Liebhaberpreis*
rechts: weißer, gut erhaltener Bär (rote Fahne), Glausaugen.
Höhe: 70 cm
*Preis: ca. 8.000,– bis 10.000,– bis Liebhaberpreis.*
Foto: Auktionshaus Dannenberg

**71 Sehr seltener Mittelnahtbär**
der Firma Steiff um 1910.
Höhe: ca. 60 cm
*Preis: absoluter Liebhaberpreis, nicht unter 6.000,–*
Foto: Auktionshaus Christie's, London

71

72

**72 »Clown-Teddy«** begehrtes weißes Langmohair, gute Originalerhaltung; besonders liebenswerter Charakterausdruck
Höhe: 48 cm
*Preis: Absoluter Liebhaberpreis ab 7.000,–*
© Teddy Museum Berlin, Florentine C. Bredow, Fotoregister
Foto: D. Graf

**73 »Pupp-Bär«**
Bezeichnung entstand durch eine Kombination von Puppe und Bär; Puppenkörper mit festen Beinen, Schlenkerarmen, Fußplatten.
Höhe: 22 cm
*Preis: ca. 2.000,– bis Liebhaberpreis*
© Teddy Museum Berlin, Florentine C. Bredow, Fotoregister
Foto: Dietrich Graf

73

74

**74 Sehr seltener schwarzer Bär**
der Firma Steiff um 1915/20.
Höhe: ca. 50 cm
*Preis: absoluter Liebhaberpreis*,
erbrachte einst bei Sotheby's
*ca. 60.000,– auf der Auktion*,
ansonsten Sammlerwert
*nicht unter 10.000,–*

**75 Traurig blickender Petsy-Bär**
in gutem Originalzustand,
wasserblaue Augen, rosa Nase.
Höhe: 32 cm
*Preis: ca. 6.000,– bis 7.000,–*
Foto: Linde Rülke
Sammlung: Uta Eckstein

**76 »Die 3er Gruppe«**
»Teddy-Babys« auf einem Foto vereint
Fa. Pappe Höhe: 20 cm
Fa. Steiff Höhe: 27 cm
Fa. Hermann, Hirschaid
Höhe: 23 cm,
alle mit Glasaugen und dicken Fußplatten aus Pappe.
© Teddy Museum Berlin, Florentine C. Bredow, Fotoregister
Foto: Dietrich Graf

75

76

77

**77 Kleines »Schlenkerteddyli«** mit »Spargelbeinen« der Firma Steiff; wurde nur 1946–48 hergestellt; Seidenplüsch und Trikotstoff; sehr selten
Höhe: 25 cm
*Preis: Liebhaberpreis; ca. 1.500,– bis 1.800,–*
© Teddy Museum Berlin, Florentine C. Bredow, Fotoregister
Foto: Dietrich Graf

**78 Reklame-Bär** der Firma Steiff für Bärenmarke.
Höhe: ca. 24 cm
*Preis: Liebhaberpreis*
Sammlung: Elke Kraus

**79 »Petsy«-Teddygruppe** in allen drei Farben (gold, caramel, beige), ab 1969, Firma Steiff, 3 Größen 24, 30, 38 cm, rar, 2 Bauchnähte, Dralon mit Trevira-Samt, Glas- und Plastikaugen.
Hier ein Kerlchen mit seltenen schwarzweißen Plastikaugen.
*Preis: ca. 200,– bis 280,–*
Sammlung: © Teddy Museum Berlin, 1993
Florentine C. Bredow, Fotoregister
Foto: Dietrich Graf

78

79

80

**80 »Bei der Gartenarbeit«**
Großer Steiff-Bär aus braunem Mohairplüsch; Schaufensterstück um 1970.
Höhe: 85 cm
*Preis: Liebhaberpreis*

**81 »Lotte« und »Franz«**
Nostalgiebären in caramel, voll gegliedert, Mohairplüsch, Glasaugen, um 1940.
Höhe: ca. 50 cm
*Preis: ca. 400,– bis 650,–*
Archivfoto: Firma Hermann, Hirschaid

**82 Laufbär**, beiger Mohairplüsch, Glasaugen, um 1940.
Höhe: ca. 40 cm
*Preis: ca. 650,– bis 900,–*
Archivfoto: Firma Hermann, Hirschaid

81

82

83

**83 »Teddy-Baby«** der Firma Hermann, Hirschaid. Typisches Firmenmerkmal: Innenohrfläche aus Kurzmohair; selten.
Höhe: 23 cm
*Preis: ca. 1.500,– und Liebhaberpreis*
© Teddy Museum Berlin, Florentine C. Bredow, Fotoregister
Foto: D. Graf

**84 »Wintervergnügen«**
Stehender Hermann Bär um 1950.
Höhe: ca. 40 cm
*Preis: ca. 350,– bis 450,–*
Foto: Ulrike Schneiders

84

85

86

**85 »Im Nähstübchen«**
Links: Bär der Firma Schuco um 1912 (Schuhknopfaugen), schlägt Purzelbäume, kaum noch Mohairreste.
Höhe: ca. 38 cm
*Preis: (bespielt) Liebhaberpreis ca. 900,–*

**86 Schuco Bär** um 1920 – »Ja«-»Nein«-Mechanismus
Höhe: 40 cm
*Preis: ca. 750,– bis 1.200,– (bespielt)*

**87 Seltene Bären** der Firma Schuco der 20er Jahre in hellblau und rosé. Beide Bären sind mit dicken Fußplatten ausgestattet.
Höhe: 30 cm
*Preis: Liebhaberpreis ab 850,–*
© Teddy Museum Berlin, Florentine C. Bredow, Fotoregister
Foto: D. Graf

87

88

89

**88 Kuriositäten der Teddywelt:** Teddys der Fa. Schuco in der seltenen Farbe weiß, Metallaugen; das Innenleben birgt eine Parfumflasche, Korkverschluß. Mohair auf Metallkörper. Ohren mit dicker Pappe verstärkt.
Höhe: 12 cm
*Preis: Liebhaberpreis ab 400,–*
© Teddy Museum Berlin, Florentine C. Bredow, Fotoregister
Foto: D. Graf

**89 »Yes-and-No«-Teddys**
Fa. Schuco, sehr frühe Kerlchen mit Schuhknopfaugen, Glasaugen, Halsmechanik zum Bewegen des Kopfes, selten.
Höhe: 23 cm
*Preis: ca. 700,– bis 1.200,–*
© Teddy Museum Berlin, 1993, Fotoregister

**90 Zwei ungleiche »Ja«-»Nein«-Bären.** Der kleine schwarze Bär, selten, ist 13 cm hoch.
*Preis: Liebhaberpreis (wegen der Seltenheit der Farbe).*
Der große Bär ist 40 cm hoch und in sehr gutem Originalzustand.
*Preis: ca. 1.600,– bis 2.200,–*
Sammlung: Klaus Auerswald

90

91

92

**91 »Auf dem Schulweg«**
Bing-Bär um 1910 mit Schulranzen.
Schuco – »Ja-Nein-Bär«.

**92 »Purzel-Bär«** der Firma Bing vor 1920, hier in dunkelbraun und gold. Auffällig die langen, schweren Arme, die metallverstärkt sind. Ein Drehmechanismus der Arme läßt den Bären Purzelbäume schlagen.
*Preis: ca. 900,– (Zustand!); unbespielte Exponate haben einen Liebhaberpreis.*
© Teddy Museum Berlin,
Florentine C. Bredow, Fotoregister
Foto: D. Graf

**93 »Peter-Bär«** um 1924 der Firma Süssenguth, sehr selten, flößte den Kindern Angst ein, braunes Mohair, seitlich blickende Glasaugen, realistische Zahnstellung mit beweglicher Zunge aus Biskuitporzellan.
Höhe: 35 cm
*Preis: ca. 2.500,– und Liebhaberpreis.*
Foto und Sammlung: Lydia Richter

93

94

**94 Räderbär** aus den dreißiger Jahren (Merkmal u.a.: die Holzräder), totaler Fellverlust, trotzdem Charme; Schuhknopfaugen für die Zeit untypisch, eventuell ergänzt.
Höhe: 22 cm
*Preis: ca. 650,–*
Foto + Sammlung:
Barbara Freshwater-Holberndt

**95 Sonneberger Teddybären** um 1920 – 1950.
Höhe: ca. 10 – 14 cm
*Preis: ca. 150,– bis 400,–*
Foto: D. Graf und T. v. Mendelssohn

95

**96 »Kleine Bären unterwegs«**
Höhe: 10 – 23 cm
*Preis: ca. 80,– bis 300,–*
Foto: D. Graf und T. v. Mendelssohn

**97 Teddys,** wie sie geliebt werden, ohne Firmenetiketten, ohne Marke, nur durch ihr Dasein und ihr Flair.
Foto: D. Graf und T. v. Mendelssohn

96

97

98

99

**98 2 Automaten**, made in Japan, Plüsch auf Metall, Dralon.
Links: Batteriebetrieb
Rechts: Aufziehmechanismus
© Teddy Museum Berlin, Florentine C. Bredow, Fotoregister
Foto: D. Graf

**Eine Bärenparade** der großen Unbekannten und Heißgeliebten wird hier vorgestellt; viele von ihnen in liebevoller, mühsamer Arbeit, wie in Abb. 48/49 repariert.
Die Preise verstehen sich als absolute Liebhaberpreise, die auch tatsächlich gezahlt werden, wenn *der* Bär ins Herz geschlossen wurde.

**99 »Im Gespräch«**
Links: Großer gelber, sehr abgespielter Bär um 1925, relativ kurze Arme, viel Ausstrahlung.
Höhe: 60 cm
*Preis: 900,– bis 1.300,– (Ausstrahlung!)*
Rechts: Brauner Mohairbär um 1935 mit kurzflorigem Nasenteil, runde Füße.
Höhe: ca. 50 cm
*Preis: ca. 400,– bis 500,–*
Foto: D. Graf und T. v. Mendelssohn

**100** Käthe-Kruse-Puppen als Dekoration für zwei **»namenlose« Bären:** Großer Bär, Mohair, Buckel, Glasaugen um 1920.
Höhe: 50 cm
*Preis: ca. 1.000,– bis 1.200,–*
Kleiner Bär, »haarlos«, Schuhknopfaugen um 1910/12.
Höhe: 35 cm
*Preis: ca. 450,– bis 650,–*

101

**101 Lustiger Teddybär** mit viel Ausstrahlung um 1920, langes, blondes Mohair, längere Arme.
Höhe: 45 cm
*Preis: ca. 850,– bis 950,– und Liebhaberpreis*
Sammlung: Florentine Wagner-Bredow, Teddy Museum, Berlin, Fotoregister

**102 »Bei der Gartenarbeit«** Sonneberger Bär um 1920, braunes Mohair, Glasaugen, lange Arme, große Füße, Buckel.
Höhe: 50 cm
*Preis: ca. 1.000,– bis 1.200,– und Liebhaberpreis*

103

**103 »Die lustigen 3«**
Bär in der Mitte, ein »namenloser« Teddy mit weißem Langhaarmohair.
Höhe: 40 cm
*Preis: ca. 2.200,– bis 2.600,– und Liebhaberpreis*

**104 Ein »Clown-Teddy«** vor 1920, in unterschiedlichen kräftigen Mohairfarben; immer mit drei Wollponpons auf der Körpernaht in Rot.
Höhe: 50 cm
*Preis: 2.500,– und Liebhaberpreis*

104

105

**105** Ein Exemplar der gesuchten **»Crämer«-Teddys;** 1920; typische helle Glasaugen, sehr helle Mohairfarbe.
Höhe: 29 cm
*Preis: 1.800,– und Liebhaberpreis*
© Teddy Museum Berlin; Florentine C. Bredow, Fotoregister
Foto: D. Graf

**106 Großer brauner Teddybär** um 1920 mit Qualitäts-Mohairplüsch, Glasaugen, lange Arme, große Füße, Buckel.
Höhe: 60 cm
*Preis: ca. 1.500,– bis 1.800,–*
Foto: D. Graf und T. v. Mendelssohn

106

107

**107 Früher Sonneberger Bär** um 1910 mit Schuhknopfaugen, seitlich angesetzte Ohren, lange Arme.
Höhe: 50 cm
*Preis: ca. 1.400,– bis 1.900,–*
Foto und Sammlung: Anita Eckner

108

**108 »Im Freien«**
Rechts: Großer Mohairbär, plump wirkend, stark bespielt, um 1930.
Höhe: 60 cm
*Preis: ca. 350,– bis 400,–*
Honigblonder Bär, mittig sitzend, um 1930/40, runde Nase, Glasaugen.
Höhe: 35 cm
*Preis: ca. 250,– bis 350,–*
Links: Zwei Steiff-Bären (siehe Steiff-Kapitel); Pandabär um 1950.
Höhe: 15 cm
*Preis: 150,– bis 200,–*
Foto: D. Graf und T. v. Mendelssohn

**109 Goldblonder Kurzhaarbär**
um 1915, guter Erhaltungszustand.
Höhe: 60 cm
*Preis: ca. 1.500, bis 1.800,–*
Foto: D. Graf und T. v. Mendelssohn

109

110

**110 Lustige »Bärenmusik«**
Foto: D. Graf und T. v. Mendelssohn

**111 »Bärenblicke«**
Links: Großer Bär um 1930, Mohairplüsch, Glasaugen, ziemlich kurze Arme, kleine, klumpige Füße, Flair.
Höhe: 55 cm
*Preis: ca. 880,– bis 1.100,– Liebhaberpreis.*
Rechts: Großer Bär um 1920, gut erhaltenes blondes Mohair, gebogene Arme, größere Füße.
Höhe: 60 cm
*Preis: ca. 1.500,– bis 2.000,–*
Vorn links: Gelber Kunsthaarbär um 1950, vom Jahrmarkt.
Höhe: ca. 20 cm
*Preis: ca. 30,–*
Rechts: Mohairbär um 1950, niedlicher Gesichtsausdruck.
Höhe: 30 cm
*Preis: ca. 220,– bis 300,–*
Foto: Auktionshaus R. Dannenberg

**112 »Regenwetter«**
Links: Heller Mohairbär mit Glasaugen um 1920/25.
Höhe: 40 cm
*Preis: ca. 480,– bis 650,–*
Rechts: Kurzhaariger, blonder Mohairbär, hart gestopft, um 1920.
Höhe: 50 cm
*Preis: ca. 350,– bis 550,–*
Foto: D. Graf und T. v. Mendelssohn

111

112

113

**113 Früher Bär** um 1915, Mohair, lange Arme, große Füße.
Höhe: 50 cm
*Preis: ca. 1.800,– bis 2.000,–*

**114 Früher weißer Bär**
um 1915/20, vermutlich Steiff, abgeliebt mit viel Ausstrahlung.
Höhe: 60 cm
*Preis: ca. 2.800,– Liebhaberpreis*
Foto: D. Graf und T. v. Mendelssohn

114

115

**115 »Petzi Bär«**
Figur der Bildergeschichten;
Dralon, Plastikaugen und -nase.
Höhe: 30 cm
*Preis: nur Liebhaberpreis*
© Teddy Museum Berlin;
Florentine C. Bredow, Fotoregister
Foto: D. Graf

116

**Abbildung 116–126:**

**Beliebte Sammlerbären der Firma Steiff von 1903 bis 1953**
(siehe Auflistung Seite 20–23).

**116/117 Früher klassischer Steiff-Bär** um 1905/10, mit Schuhknopfaugen, lange Arme, große Füße, Buckel, helles Mohair.
Höhe: 70 cm
*Preis: Liebhaberpreis, nicht unter 8.000,–*

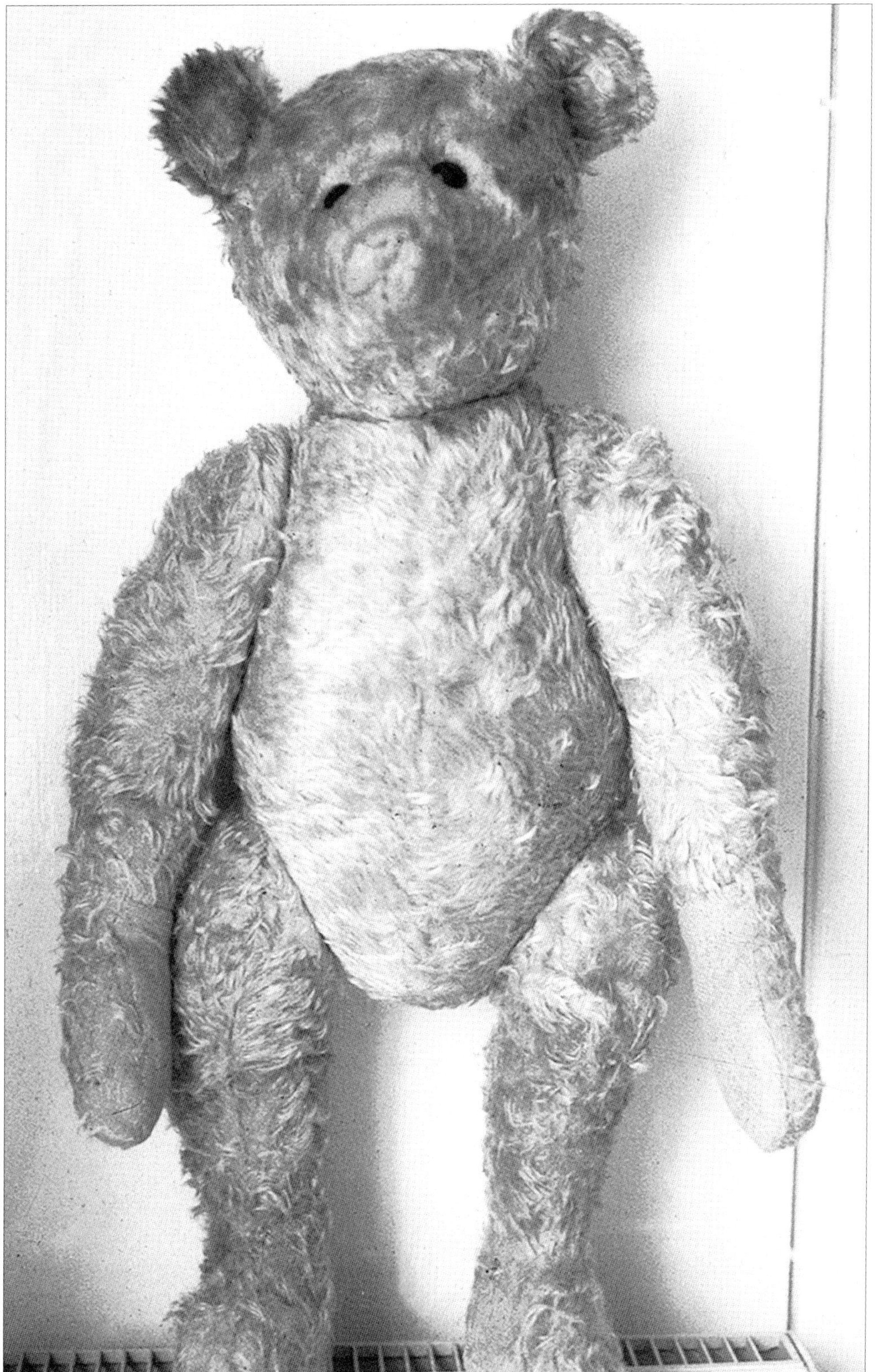

117

118

119

121

120

122

**118 Räderbären** um 1930 (Steiff), ausgeprägte, naturalistische Buckel, Glasaugen, gestickte Nasen, Mohairplüsch (hart gestopft).
Größen: 60 bis 80 cm
*Preis: großer Bär ca. 2.000,– kleiner Bär ca. 850,– bis 1.000,– (1 Ohr fehlt)*
Foto: Auktionshaus W. Boltz

**119 Überschlagteddy** der Firma Steiff um 1920/30, gelber Mohairplüsch, Glasaugen, große Füße, Mechanismus läßt Bären Purzelbäume schlagen (Uhrwerk am Arm, aufziehbar).
Höhe: ca. 23 cm
*Preis: ca. 2.500,– bis 3.000,–*

**120** Hinten: **Großer, gelber Mohairbär** (in limitierter Auflage 6.000 Stück weltweit). Jubiläumsbär der Firma Steiff 1983 zum 80jährigen Bestehen der »Teddys«.
Höhe: 53 cm
*Wert: ca. 700,– bis 900,–, Liebhaberpreis.*
Vorne: Sogenannter **»Richard-Steiff« Teddy;** ein Replika-Teddy, ebenfalls zum 80. Geburtstag des Teddys (in 20.000er Auflage) herausgegeben.
Höhe: 32 cm
*Preis: 600,– bis 800,–*

**121 Musikteddy** der Firma Steiff um 1920, langer Mohairplüsch, seitliche Ohren, durch rhythmischen Druck auf den Bauch ertönt Musik.
Höhe: ca. 35 cm
*Preis: Liebhaberpreis (nicht unter 3.000,–)*
Foto: Auktionshaus Christie's, London

**122 »Jackie«-Teddy** der Firma Steiff, ein Jubiläumsbär um 1953 zum 50jährigen Geburtstag des Bären. Jackie ist ein kleiner gedrungener Mohairbär mit kurzen Armen und Beinen, ziemlich weich gestopft, sein Markenzeichen ist der helle gestickte Querstich auf der Nase.
Höhe: 25 cm
*Preis: ca. 1.600,– bis 1.800,– und Liebhaberpreis*
Sammlung: Uta Eckstein
Foto: Linde Rülke

**123 Gruppe von frühen Teddy-Babys** der Firma Steiff um 1930.
Links: **Pupp-Bär**, Körper weicher gestopft und mit Baumwolle überzogen, Kopf, Hand- und Fußoberteile aus Mohairplüsch, Teddy-Baby-Gesicht, originale Kleidung (verschiedene Ausführungen).
Höhe: ca. 28 cm
*Preis: ca. 1.800,– bis 2.200,–*
Rechts: **Großes Teddybaby** in traumhaftem Zustand, weißer Mohair, rosa bestickte Nase, Knopf mit roter Fahne, Glöckchen, Halsband mit Marke.
Höhe: 30 cm
*Preis: ca. 2.500,– bis 3.000,– und Liebhaberpreis.*
Vorne: **Kleines Teddybaby**, weiß Mohair mit samtähnlichem Maul und Fußoberteilen, rosa bestickte Nase und vier Krallen; die Arbeit mit der Spritzpistole ist deutlich zu erkennen.
Höhe: 12 cm
*Preis: ca. 2.000,– und Liebhaberpreis*

**124 Panda Bär** der Firma Steiff um 1950, schwarzweißer Mohairplüsch, hart gestopft, äußere Gestalt ähnlich der des Teddy-Babys, Glasaugen, offenes Maul. »Fahne«: US-Zone deutlich unter dem rechten Arm.
Höhe: 28 cm
*Preis: 850,– bis 900,–*

**125 Teddy-Babys:** Links um 1950 mit braunem Mohair.
Höhe: ca. 40 cm
*Preis: ca. 2.500,– und Liebhaberpreis.*
Rechts um 1930 mit hellem Mohair.
Höhe: 30 cm
*Preis: ca. 3.000,– bis 3.500,– und Liebhaberpreis.*
Sammlung: Elke Kraus

**126 Steiff-Zotty** von 1950; lachender, weicher Spielbär mit Lätzchen.
Höhe: 28 cm
*Preis: ca. 180,– bis 200,–*

123

124

125

126

127

**127/28** Sehr lieber, aber abgespielter **früher Steiff-Bär** um 1910 mit Schuhknopfaugen; gut sichtbar sind die seitlich befestigten Ohren und die Gesichtsnähte.
Höhe: 50 cm
*Preis: ca. 3.000,– bis 3.500,–*
*(bespielter Zustand!)*

**129/130 Früher Steiff-Bär** um 1910 mit Besitzerfoto damaliger Zeit; abgenutzter Mohairplüsch, Schuhknopfaugen.
Höhe: 70 cm
*Preis: ca. 5.000,– / Liebhaberpreis*
*(bespielter Zustand!)*

130

128

129

**131 Früher Steiff-Bär** vor 1910, leicht bespielt, Mohairplüsch.
Höhe: 60 cm
*Preis: ca. 6.000,– bis Liebhaberpreis*

**132 »Drücken mußte!«**
Typischer Original Steiff-Teddy um 1910, abgenutzter Zustand.
Höhe: 50 cm
*Preis: ca. 2.200,– bis Liebhaberpreis*

**133/134 Lustiges Quartett: »Vierlinge«** der Firma Steiff um 1905; kleine Mohairbären mit extra zartem, frühen Mohairplüsch (stark bespielt).
Höhe: 30 cm
*Preis: je ca. 1.200,–*
*(bespielter Zustand!)*

**135 »Liebelei«** zwei frühe Steiff-Bären um 1910 mit Schuhknopfaugen, langen Armen, großen Füßen; stark »bespieltes« Mohair.
Höhe: ca. 50 cm
*Preis je: 2.200,– bis Liebhaberpreis*

**136 »Beim Spiel«**
Links: früher, sehr bespielter Steiff-Bär um 1910, Schuhknopfaugen.
Höhe: 50 cm
*Preis: ca. 2.200,–*
*(wegen des Zustandes)*
Rechts: Bär aus Baumwollplüsch um 1914 – 18 (Kriegsmaterial), hart gestopft.
Höhe: 35 cm
*Preis: ca. 1.200,– bis 1.400,–*
Vorn links: Teddy Baby, klein, 12 cm, um 1930, weißes Mohair,
*Preis: ca. 2.000,– (geringe Größe beliebt) bis Liebhaberpreis*

131

132

133

134

135

136

137

138

139

140

**137 »Landliebe«**
Steiff-Bär um 1910, Schuhknopfaugen, »bespielter« Mohairplüsch.
Höhe: 50 cm
*Preis: ca. 2.200,– bis Liebhaberpreis*

**138 »Fröhliche Reiterei«**
Steiff-Bär um 1910, Schuhknopfaugen.
Höhe: 50 cm
*Preis: ca. 2.200,– bis Liebhaberpreis (Zustand!)*

**139 Frühe Steiff-Bären** um 1910.

**140 Lustige Bärenparade**
1903 – 1920 der Firma Steiff.
Foto: Norddeutsches Spielzeugmuseum Soltau, Hannelore Ernst.

**141 Steiff-Bär** um 1905 mit sehr weichem, etwas kürzerem, beigen Mohairplüsch.
Höhe: 30 cm
*Preis: ca. 1.200,–*
*(bespielter Zustand)*

**142 Der faule Bär,** Steiff-Bär um 1910, besonders »geliebt« (Mohairreste), Schuhknopfaugen.
Höhe: 36 cm
*Preis: Liebhaberpreis ca. 400,–*

**143 Steiff-Bär** (rechts) um 1910, mit Schuhknopfaugen, Mohairreste, stark abgeliebt.
Höhe: ca. 40 cm
*Preis: Liebhaberpreis ca. 450,–*
Foto: Auktionshaus W. Boltz

**144 Steiff-Bären** um 1920 **mit »Geschichte«,** zeigen nur noch Mohairreste.
Höhe: 36 – 50 cm
*Preis: Liebhaberpreis von 650,– bis 2.000,–*
Foto: Auktionshaus W. Boltz

**145 Steiff-Bär mit Vergangenheit** um 1910/20, Schuhknopfaugen.
Höhe: 30 cm
*Preis: Liebhaberpreis, bestimmt ca. 400,– (aus Mitleid) und mehr.*
Foto: Auktionshaus Dannenberg

141

142

143

144

145

146

147

146

149

150

**146/147 »Zwillinge«**
Seltene, weiße Steiff-Bären um 1920, lange Arme, große Füße, sehr guter Zustand.
Höhe: 36 cm
*Preis je: Liebhaberpreis, nicht unter 3.500,–*

**148 Kleiner Steiff-Bär** um 1910, Schuhknopfaugen, seitlich angesetzte Ohren.
Höhe: ca. 32 cm
*Preis: ca. 1.300,– bis 1.800,–*

**149 »Der Violinenspieler«** Steiff-Bär um 1910, seitlich angesetzte Ohren, Schuhknopfaugen, »bespielter« Mohairplüsch.
Höhe: 32 cm
*Preis: ca. 1.200,– bis 2.000,–*
Foto: Linde Rülke
Sammlung: Uta Eckstein

**150 Gruppe von Bären** der Firma Steiff um 1920
**Großer Bär:** heller Mohairplüsch, Glasaugen, ziemlich lange Arme, große Füße, leicht »bespielt«.
Höhe: ca. 75 cm
*Preis: ca. 5.000,– bis Liebhaberpreis*
**Kleiner Bär** im Vordergrund (Mitte), gut erhaltener Steiff-Bär, Glasaugen, weißer Mohairplüsch.
Höhe: 35 cm
*Preis: ca. 2.000,– bis 2.500,–*
Foto: Auktionshaus W. Boltz

**151/152 Frühe, sehr abgeliebte Steiff-Bären** um 1920.
Höhe: 36 cm
*Preis je: ca. 1.300,– bis 1.800,– und Liebhaberpreis*

**153 »Neuwertiger« Original-Steiff-Bär** der zwanziger Jahre mit viel Ausstrahlung.
Höhe: 60 cm
*Preis: ca. 5.500,– und Liebhaberpreis*

151

152

153

154

**154 »Sonnenbad«**
Gut erhaltener Steiff-Bär um 1920, blonder Mohairplüsch, Glasaugen, lange Arme, große Füße.
Höhe: 60 cm
*Preis: ca. 4.000,– bis 5.000,–*
Foto: Ulrike Schneiders

**155 Blonder Steiff-Bär** um 1920 in traumhaftem Originalzustand, Glasaugen, lange Arme, große Füße.
Höhe: 60 cm
*Preis: ca. 4000,– bis 6.000,–*
Foto: Auktionshaus Dannenberg

**156 Zwei Gesellen** der 20er Jahre der Firma Steiff, blonder Mohairplüsch, Glasaugen.
Höhe: 50 cm
*Preis links ca.: 1.800,– bis 2.300,–*
*rechts ca.: 2.300,– bis 3.000,–*
Foto: Auktionshaus Dannenberg

155

156

157

**157 Weißer Bär** (rechts) der Firma Steiff um 1920, »bespielter« Mohairplüsch, Glasaugen, lange Arme, große Füße.
Höhe: 40 cm
*Preis: ca. 2.000,– bis 2.800,– (Zustand!)*

**158 Bärengruppe**
Links: Weißer, »bespielter« Steiff-Bär um 1920, Glasaugen, hellbraune Nase.
Höhe: 40 cm
*Preis: ca. 2.500,– bis 3.000,–*
Rechts: Blonder Steiff-Bär, wenig Mohair.
Höhe: 35 cm
*Preis: ca.: 1.200,– bis 1.600,– und Liebhaberpreis aufgrund des Zustandes.*
Foto: Auktionshaus Dannenberg

**159 Ein Beispiel der seltenen Teddys** in Seidenplüsch, hier dunkelbraun, Fa. Steiff, kombiniert mit Sackleinen um 1920.
Höhe: 30 cm
*Preis: ca. 2.500,– bis 2.800,–*
© Teddy Museum Berlin, Florentine C. Bredow, Fotoregister
Foto: Dietrich Graf

**160 Ein besonders schönes Exemplar** aus Baumwollplüsch der Firma Steiff um 1914 – 20, maisfarben, Glasaugen.
Höhe: 52 cm
*Preis: ca. 3.000,– und Liebhaberpreis*
© Teddy Museum Berlin, Florentine C. Bredow, Fotoregister
Foto: Dietrich Graf

**161 Blonder Steiff-Bär** um 1930, Glasaugen, ziemlich guter Zustand des Mohairs.
Höhe: 40 cm
*Preis: ca. 3.000,–*

158

159

160

161

162

163

164

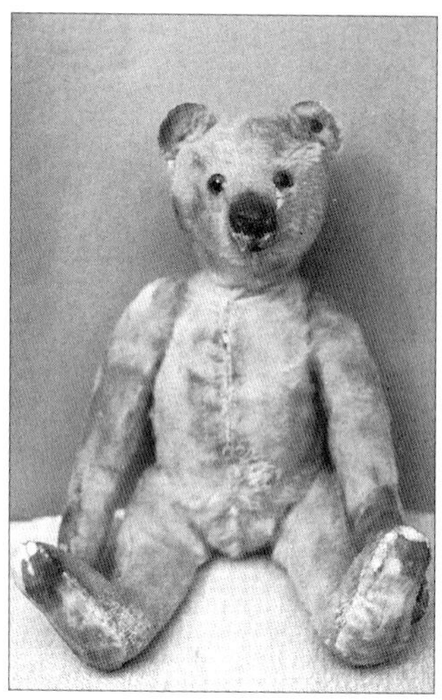

165

**162 »Beim Kochen«**
Bärengruppe der 20ger Jahre der Firma Steiff: hinten rechts beliebtester Bär der Sammler: weißer Mohairbär in guter Erhaltung.
Höhe: 60 cm
*Preis: ca. 8.000,– bis 10.000,– Liebhaberpreis*
Foto: Auktionshaus Christie's, London

**163** Besonders gut erhaltene und **seltene Steiff-Bären** um 1920.
Links: brauner Bär, Glasaugen, neuwertiger Mohairplüsch, lange Arme, große Füße.
Höhe: 60 cm
*Preis: ca. 6.500,– Liebhaberpreis*
Rechts: weißer, neuwertig erhaltener Plüschbär mit Glasaugen.
Höhe: 60 cm
*Preis: ca. 10.000,– Liebhaberpreis*
Foto: Auktionshaus Christie's, London

**164 »Beim Spiel«**
Sitzender Bär der Firma Steiff um 1920/30, braune Mohairreste, Glasaugen, Ausstrahlung.
Höhe: ca. 40 cm
*Preis: ca. 1.300,– bis 1.800,– (Liebhaberpreis wegen des Zustandes)*
Foto: Auktionshaus Dannenberg

**165 Steiff-Bär** mit Ausstrahlung und Geschichte um 1920, Glasaugen, lange Arme, große Füße, Mohairreste.
Höhe: 40 cm
*Preis: 1.500,– bis 1.800,– Liebhaberpreis aufgrund des Zustandes*
Foto und Sammlung:
Fred + Lieselotte Stalling

166

167

168

169

**166 Blonder Steiff-Bär** um 1950.
Höhe: ca. 28 cm
*Preis: ca. 350,– bis 450,–*
Foto: Linde Rülke

**167 A la carte:** Gruppe von Steiff-Bären um 1920.
Links: großer blonder Bär; leicht bespielter Zustand, Glasaugen.
Höhe: 70 cm
*Preis: ca. 6.500,– Liebhaberpreis*
Mitte: weißer, gut erhaltener Bär.
Höhe: 40 cm
*Preis: ca. 3.000,– bis 3.800,–*
Rechts: großer blonder Bär, guter Zustand, Glasaugen.
Höhe: 70 cm
*Preis: ca. 6.500,– bis 8.000,– Liebhaberpreis.*
Vorne: kleiner blonder Bär, ca. 15 cm.
*Preis je ca. 400,–*
Foto: Auktionshaus Christie's, London

**168 20er Jahre Steiff-Bär** mit Glasaugen, leicht bespielt.
Höhe: 60 cm
*Preis: ca. 2.800,– bis 3.800,– und Liebhaberpreis*
Foto: Auktionshaus W. Boltz

**169 Großer Steiff-Bär** der 20er Jahre, Glasaugen, noch ziemlich lange Arme.
Höhe: 60 cm
*Preis: ca. 3.800,– bis 4.800,– und Liebhaberpreis.*
Foto: Auktionshaus W. Boltz

170

171

172

173

174

**170 50er Jahre Steiff-Bären**
größerer Bär
Höhe: 28 cm
*Preis: ca. 350,– bis 450,–*
kleiner Bär
Höhe: 12 cm
*Preis: ca. 150,– bis 250,–*
Foto: Dietrich Graf und
Traute v. Mendelssohn

**171 Steiff-Gruppe Anfang der 50er Jahre:** Großer blonder Bär, gut erhaltener Mohairplüsch, Glasaugen, lange Arme, lange Beine, kaum Buckel.
Höhe: 60 cm
*Preis. ca. 1.500,– bis 2.000,–*
Bär um 1960
Höhe: 22 cm
*Preis: ca. 350,– bis 400,–*
Foto: Dietrich Graf und
Traute v. Mendelssohn

**172 »Schulanfang«**
Zwei typisch original Teddys der dreißiger Jahre.
Höhe: 28 cm
*Preis je ca. 850,– bis 1.100,–*
Foto: Linde Rülke
Sammlung: Uta Eckstein.

**173 Steiff-Bären der fünfziger Jahre** – groß und klein –
Höhe: 35 cm
*Preis: ca. 400,– bis 450,–*
Höhe: 10 cm
*Preis: ca. 180,– bis 220,–*
Foto: Dietrich Graf und
Traute v. Mendelssohn

**174 50er Jahre blonder Steiff**, leicht bespielt.
Höhe: 43 cm
*Preis: ca. 600,– bis 800,–*
Foto: Ulrike Schneiders

**175 Seltener großer grauer Steiff** in exzellentem Zustand, Glasaugen, lange Arme.
Höhe: 70 cm
*Preis: ca. 3.200,– Liebhaberpreis*
**Kleiner, stark »abgeliebter« Bär im Wagen.**
Höhe: 28 cm
*Preis: ca. 400,– bis 600,– (Zustand)*

**176 Kleiner Steiff-Bär** um 1952, Modell unter Sammlern nicht so gefragt, Ohren ziemlich hoch gearbeitet, »Eulengesicht«.
Höhe: ca. 22 cm
*Preis: ca. 150,– bis 250,–*
Foto: Dietrich Graf und T. v. Mendelssohn

**177 Gruppe von 50er Jahre original Teddys** der Firma Steiff in bespieltem Zustand.
Höhe: 22 – 43 cm
*Preis: ca. 250,– bis 500,–*

**178 Jackie-Bären** (im Vordergrund) um 1953 (Jubiläumsbären), gut sichtbar der Querstich auf der Nase, hellblonder Mohairplüsch, weich gestopft.
Höhe: 25 cm
*Preis: 1.500,– bis 2.000,–*
Höhe: 35 cm
*Preis: 1.900,– bis 2.200,– und Liebhaberpreise*
Sammlung: Elke Kraus

**179 Kleine Steiff-Bären der fünfziger Jahre.**
Höhe: ca. 26 cm
*Preis: ca. 380,– bis 420,–*
Foto: Linde Rülke

175

176

177

178

179

180

181

182

183

184

**180 Gut erhaltener Steiff-Bär** um 1950, gedrungene Haltung, kürzere Arme, kleiner Buckel.
Höhe: 50 cm
*Preis: ca. 1.500,– bis 2.000,–*

**181/182 Seltener, brauner Steiff-Bär** um 1910, Schuhknopfaugen, lange Arme.
Höhe: 50 cm
*Preis: ca. 3.800,– bis 4.800,– und Liebhaberpreis*

**183 Selten früher, brauner Bär** um 1910 der Firma Steiff, Schuhknopfaugen, lange Arme.
Höhe: ca. 60 cm
*Preis: ca. 5.000,– bis 6.000,–*
Bärentyp erzielte in Cinnamon-Farbe im Auktionshaus Christie's *12.000,– DM (Liebhaberpreis)*
Foto: Auktionshaus Christie's, London.

**184 Früher Steiff-Bär** um 1920, ziemlich lange Arme, große Füße.
Höhe: ca. 50 cm
*Preis: ca. 3.800,– bis Liebhaberpreis*
Sammlung: Elke Kraus

**185/186** Absolutes Sammlerstück: **Roter früher Steiff-Bär** um 1906 – 09; er war im Besitz der Prinzessin von Rußland, Xenia Georgievna, einer Cousine des Zaren Nikolas II.
Rote Bären wurden *nicht* serienmäßig hergestellt. Man vermutet, daß dieser spezielle Bär auf Anfrage gearbeitet wurde.
Höhe: ca. 33 cm
*Preis auf der Auktion: 11.000,– engl. Pfund*
Foto: Auktionshaus Christie's, London

**187** Sehr gut erhaltener, **früher dunkelbrauner Steiff-Bär**, selten.
Höhe: ca. 50 cm
*Preis: Liebhaberpreis*
Sammlung: Elke Kraus

**188** **»Dicky«-Teddy** (links) ab 1930 der Firma Steiff, gelber Mohairplüsch, Nase (typisch!) kürzerer Plüsch, nicht sichtbar sind die Zeichnungen der Innenhand- und Fußflächen mit der Spritzpistole.
Höhe: 30 cm
*Preis: ca. 6.000,– bis Liebhaberpreis*
Foto: Auktionshaus Christie's, London

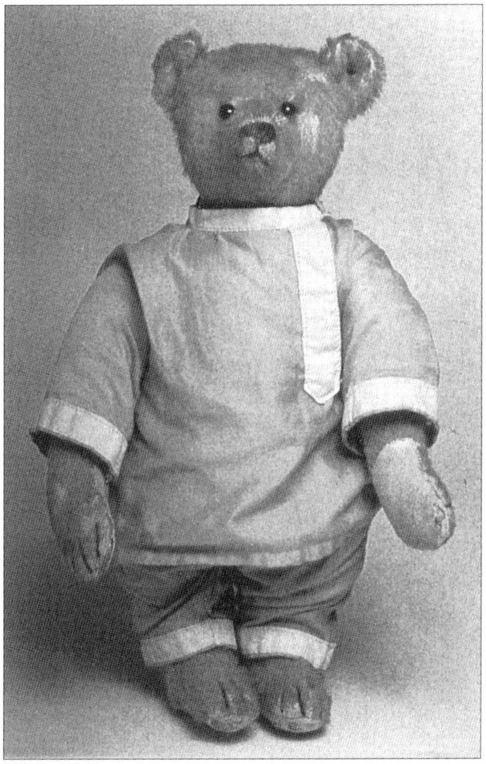
185

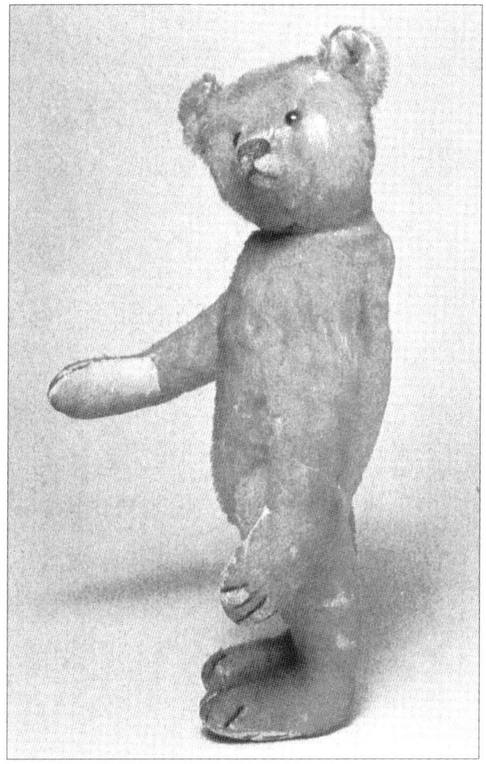
186

187

188

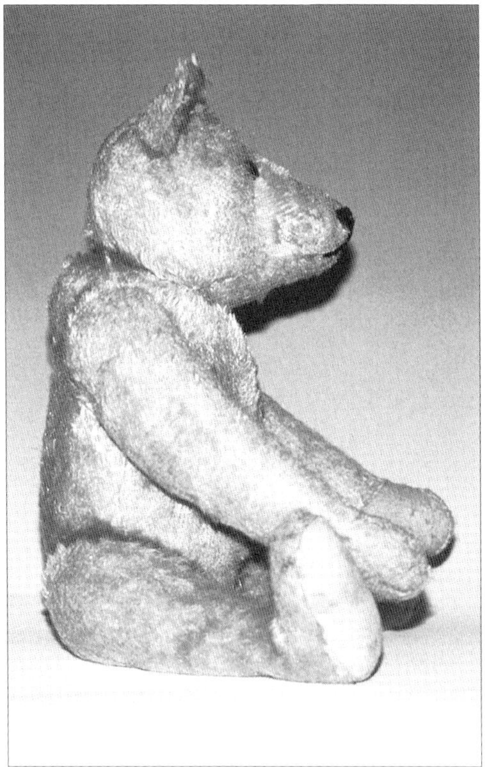

189

190

191

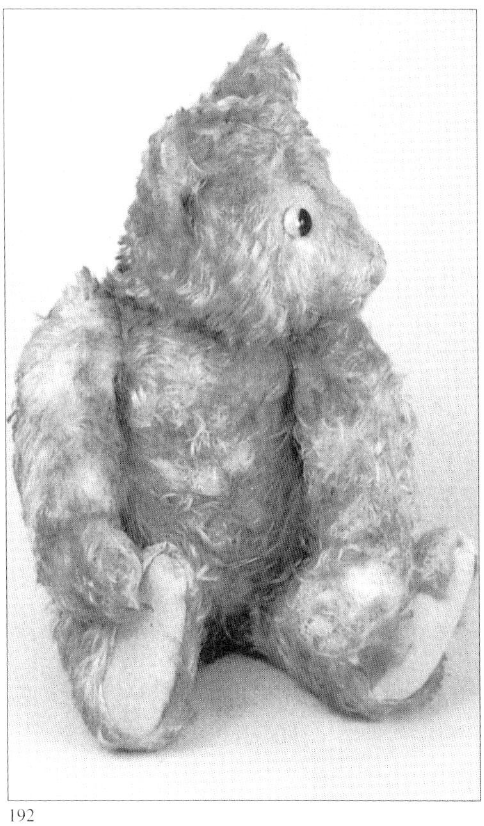

192

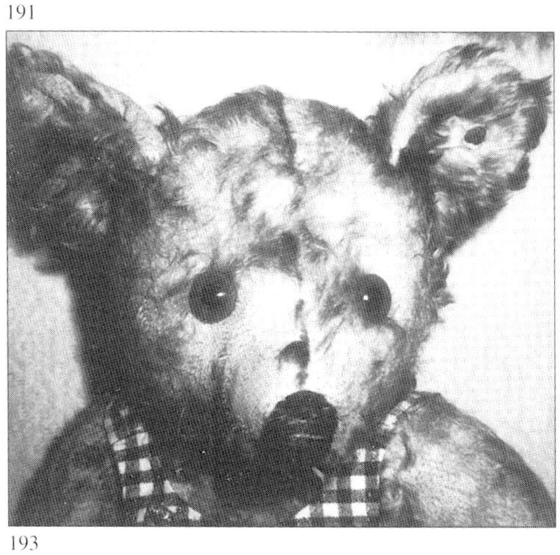

193

**189/190 Steiff-»Dicky«** ab 1930, leider fehlt die typische Tatzen- und Fußbemalung, der Zustand ist bespielt. Steiff-Dickys sind äußerst selten.
Höhe: ca. 40 cm
*Preis: Liebhaberpreis – nicht unter 6.000,–*
Sammlung: Elke Kraus

**191** Besonders gut erhaltener **Clown-Teddy-Bär** von Steiff, original gepreßter Filzhut und Halskrause, sehr selten.
Höhe: 25 cm
*Preis: Liebhaberpreis, nicht unter 5.500,–*

**192 Seltener Petsy-Bär** von Steiff mit Schielaugenausführung in rötlich-braun gespritztem Mohair-Langflorplüsch, rot bestickte Nase.
*Preis: ca. 6.000,– und Liebhaberpreis*
Foto: Auktionshaus Christie's, London

**193 »Abgeliebter« Petsy-Bär** von Steiff um 1930, wasserblaue Augen, viel Ausstrahlung.
Höhe: 36 cm
*Preis: ca. 2.200,– Liebhaberpreis wegen der Ausstrahlung*

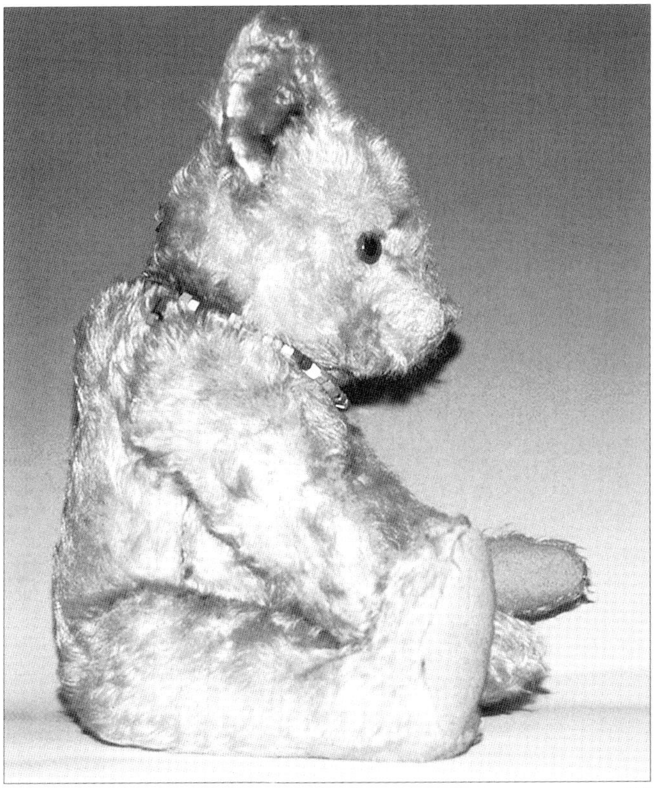
194

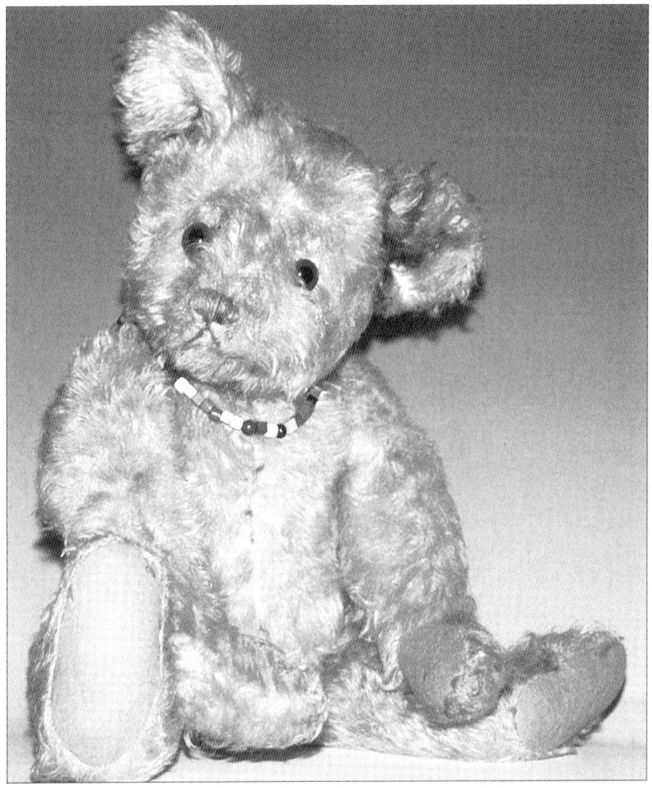
195

**194/195** Sehr gut erhaltener, **seltener Petsy-Bär** der Firma Steiff mit hellblauen Augen und rötlich gestickter Nase.
Höhe: 35 cm
*Preis: Liebhaberpreis, nicht unter 6.500,–*
Sammlung: Elke Kraus

**196 »Teddy-Baby«** der Firma Steiff um 1930 mit geschlossener Schnauze in besonders gutem Zustand, weißer Mohairplüsch.
Höhe: ca. 15 cm
*Preis: ca. 2.500,– und Liebhaberpreis*

**197 »Teddy-Baby«** der Firma Steiff um 1930 mit offenem Maul, (rote Fahne), sehr guter, weißer Mohairplüsch.
Höhe: ca. 30 cm
*Preis: von 3.500,– bis 4.500,– und Liebhaberpreis*

196

197

198

199

200

201

202

**198 Dunkel gespritzter Petsy-Bär** in gutem Erhaltungszustand.
Höhe: ca. 43 cm
*Preis: Absoluter Liebhaberpreis – ab ca. 8.000,–*
Sammlung: Elke Kraus

**199** Rechts: **Jackie-Jubiläums-Teddy** 1953 in gutem hellblonden Mohairplüsch. Querstich auf der Nase, Stoffzeichen mit »US Zone« Germany seitlich unter dem rechten Arm.
Höhe: 23 cm
*Preis: ca. 1.600,– bis 2.000,– und Liebhaberpreis.*
Links: **Petsy-Bär** (siehe Abb. 74);
Foto: Linde Rülke
Sammlung: Uta Eckstein

**200 »Teddy-Baby«** der Firma Steiff um 1930 mit offenem Maul, bespielter blonder Baumwollplüsch.
Höhe: 40 cm
*Preis: ca. 3.000,– bis 4.000,– und Liebhaberpreis*

**201 »Teddy-Baby«** mit viel Charakter, dreißiger Jahre, maisfarben, Samtnase, Samthand- und Samtfußflächen.
Höhe: 16 cm
*Preis: Liebhaberpreis, ab ca. 2.500,–*
© Teddy Museum Berlin, Florentine C. Bredow, Fotoregister
Foto: Dietrich Graf

**202 »Teddy-Baby«** (Steiff) um 1930, geschlossenes Maul, gelber, gut erhaltener Mohairplüsch.
Höhe: ca. 30 cm
*Preis: ca. 3.500,– und Liebhaberpreis*
Sammlung: Elke Kraus

**203 »Pupp-Bär«** um 1930 der Firma Steiff, Bär mit Teddy-Baby-Kopf, Stoffkörper und plüschbesetzte Arme und Beinoberflächen, Originalkleidung, selten.
Höhe: 28 cm
*Preis. ca. 2.000,– und Liebhaberpreis*

203

204

**204 Kleines Teddy-Baby** mit geschlossenem Maul, dunkelbrauner Mohairplüsch.
Höhe: 22 cm
*Preis: ca. 2.500,– und Liebhaberpreis*
Sammlung: Elke Kraus

**205** Sehr typisches und extrem gut erhaltenes **Teddy-Baby** um 1930 von Steiff.
Höhe: 40 cm
*Preis: Liebhaberpreis*
Sammlung: Elke Kraus

205

206

207

208

209

210

**206 Kleine Zotty-Parade**
Mitte und rechts: Zotty-Bären der Firma Steiff um 1950/60, langer Mohairplüsch mit gelbem Plüsch-Lätzchen auf der Brust (im Gegensatz links: Hermann Zotty um 1955, ohne Lätzchen und mit heruntergezogenen Nasenflügeln).

Steiff Zotty
Höhe: ca. 35 cm
*Preis: ca. 200,– bis 300,–*
Hermann Zotty
*Preis: ca. 150,– bis 200,–*

**207 Steiff-Orsi** Bär mit weicher Füllung um 1950/60, Mohairplüsch, plüsch, kurz.
Höhe: sitzend 35 cm
*Preis: 400,– bis 500,–*

**208 Steiff-»Zottys«**
Großer weißer Steiff-Zotty mit »Lätzchen«, langes Mohair, offenes Maul.
Höhe: 43 cm
*Preis: ca. 400,– bis 450,–*
Kleiner hellgrauer Zotty.
Höhe: 22 cm
*Preis: ca. 100,– bis 70,–*
Sammlung: Elke Kraus

**209** Zwei Bären der Firma Steiff um 1960:
Sitzend: **»Zolac Zotty«** mit beweglichen Armen und Beinen und drehbarem Kopf, ähnlich dem Zotty (Lätzchen), Beine schlenkernd.
Höhe: 40 cm
*Preis: ca. 300,– bis 400,–*
**»Zooby« Bär;** bei diesem Bärentyp sind die Beine feststehend.
Höhe: 30 cm
*Preis: ca. 400,– bis 500,–*
Sammlung: Elke Kraus

**210 »Orsi«-Bär** (links) von Steiff um 1950/60, sehr weich gefüllt, Arme und Beine beweglich, Filzlätzchen.
Höhe: 35 cm
*Preis: ca. 450,– bis 600,–*
Sammlung: Elke Kraus

**211 Absolut seltenes Kegelspiel der Bären** (Steiff). Königsbär mittig, Filzrock, weiße Fahne.
Höhe: 22 cm
*Auktionspreis um 10.000,– bis Liebhaberpreis.*
Foto: Auktionshaus Christie's, London

**212 »Zooby«-Bär** (siehe Abb. 209).

**213 Handpuppe** um 1920, Mohairplüsch, Glasaugen, viel Ausstrahlung.
Höhe: 20 cm
*Preis: 250,– bis 350,–*

Foto: Dietrich Graf

211

212

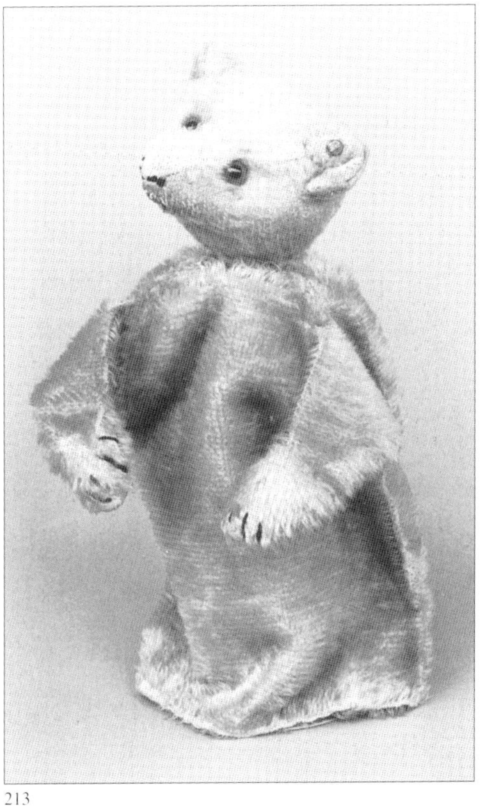

213

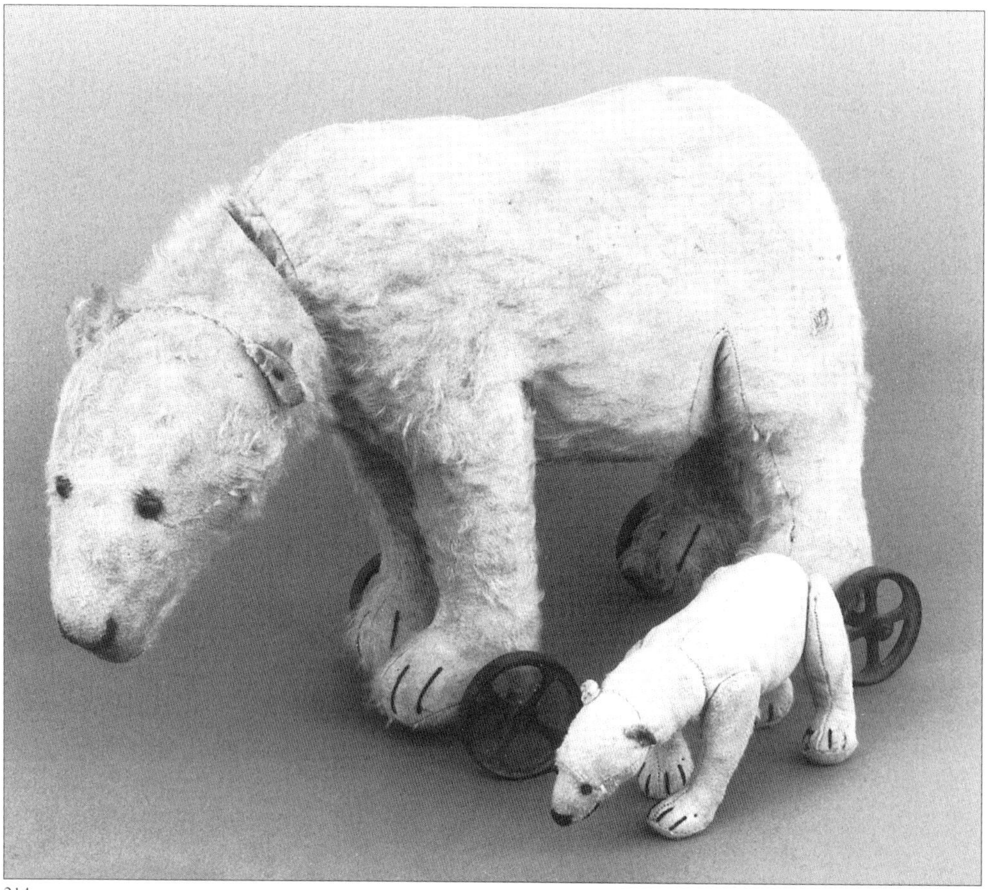
214

**214 Alter Eisbär** als Ziehspielzeug um 1910, sehr selten, auf Eisenrädern, Schuknopfaugen, Blasebalgstimme im beweglichen Hals.
Höhe: 30 cm
als Größenvergleich kleiner Eisbär
*Preis: Liebhaberpreis*
© Teddy Museum Berlin, Florentine C. Bredow, Fotoregister
Foto: Dietrich Graf

**215** Ein alter **»Rolly-Polly«-Bär** mit »Vergangenheit« der Firma Steiff vor 1920, Schuhknopfaugen, Kopf und Arme beweglich gestaltet, Mohairplüsch, Rassel im Bauch.
Höhe: 14 cm
*Preis: Absoluter Liebhaberpreis*
© Teddy Museum Berlin, Florentine C. Bredow, Fotoregister
Foto: Dietrich Graf

**216 Koala-Bär** der Firma Steiff um 1950/60.
Höhe: 22 cm
*Preis: ca. 250,– bis 350,–*

**217 Noch Bär? Waschbär** der Firma Steiff 1950/60.
Höhe: ca. 20 cm
*Preis: ca. 100,– bis 130,–*

215

216

217

218

**218 »Zotty-Typ«** Hermann-Bär um 1950.
Höhe: ca. 50 cm
*Preis: ca. 300,– bis 500,–*
*(bester Zustand)*
Foto: Firma Hermann, Coburg

**219/220 50er Jahre Bären der Firma Hermann,** Coburg.
Höhe: 40 – 50 cm
*Preis: ca. 350,– bis 550,–*
Foto: Firma Hermann, Coburg

**221 Max Hermann Teddybär** der 30er Jahre, Sonneberg, längerer Mohairplüsch, angesetzte Nase, Glasaugen.
Höhe: ca. 50 cm
*Preis: ca. 700,– bis 1.000,–*
Foto: Archiv Hermann, Coburg

**222 Großer Hermann (Coburg) Bär**
Max Hermann Teddybär von 1950. Dieses Original befindet sich heute noch im Besitz der Hermann Spielwaren GmbH. 1993 wurde dieser Bär als Replika herausgebracht.
Größe: 80 cm
*Preis: Liebhaberpreis*

219

220

221

222

223

224

225

226

227

**223 Nostalgieteddy.** Mohairplüsch um 1929, grau gespritzt.
Höhe: ca. 50 cm
*Preis: 680,– bis 850,–*
Foto: Firma Hermann, Hirschaid

**224 Hermann-Bär** um 1930, brauner Mohairplüsch, Glasaugen.
Höhe: ca. 35 cm
*Preis: ca. 380,– bis 550,–*
Archiv-Foto: Firma Hermann, Hirschaid

**225 Zotty-Typ**, Bär der Firma Hermann um 1950.
Höhe: 50 cm
*Preis: ca. 250,– bis 350,–*
Archiv-Foto: Firma Hermann, Hirschaid

**226/227 »Pagen-Teddy«** der Firma Schuco. Der »Yes« und »No« Mechanismus wird über den Stummelschwanz in Bewegung gesetzt.
© Teddy Museum Berlin, Florentine C. Bredow, Fotoregister
Foto: Dietrich Graf

**228 Drei Veteranen** der Firma Schuco der zwanziger Jahre und früher.
Links: **Purzelbär** mit Aufziehmechanismus, Filz über Metall mit Mohair, beliebte Spielfigur in verschiedenen Farben.
Höhe: 10 cm
*Preis: ca. 450,- bis 650,– und Liebhaberpreis*
Mitte: **»Bellhopp«**-Figur, Aufziehmechanismus.
Höhe: 12 cm, wie Abb. 229.
Rechts: die kleinste Figur der Firma mit 6,5 cm, beweglich, Mohair auf Metall, Filzhände/-füße.
*Preis: ca. 250,–*
© Teddy Museum Berlin, Florentine C. Bredow, Fotoregister

**229 Schuco-Tanzbär**, mohairüberzogener Metallkörper, Metallaugen, gestickte Nase, Aufziehmechanismus, Filzkleidung.
Höhe: ca. 13 cm
*Preis: Liebhaberpreis ca. 680,– bis 750,–*
Foto und Sammlung: Lieselotte + Fred Stalling

**230 Kleinster Bär der Firma Schuco,** um 1920, aus Mohair, Metallaugen, lustig gestaltete Eintrittskarte aus dem Jahre 1986, dem Gründungsjahr des Teddy Museums Berlin.
Höhe: 6,5 cm
*Preis: ca. 250,–*
© Teddy Museum Berlin, Florentine C. Bredow, Fotoregister
Foto: Dietrich Graf

**231 Kleine Fußballer** im Größenvergleich zur »bico-bello« Figur um 1950 (Beschreibung der kleinen Bären unter der Rubrik »kleine Teddys«).
bico-bello Figur: Kopfform und Machart typisch aus Mohair, Plastikaugen, -nase, Plastik-»adidas«-Fußballschuhe mit eingezogenen Schnürbändern, Körper biegsam.
© Teddy Museum Berlin; Florentine C. Bredow, Fotoregister
Foto: Dietrich Graf

**232 Gelber Schucobär** um 1940, große Glasaugen.
Höhe: ca. 50 cm
*Preis: ca. 650,– bis 850,–*
Foto und Sammlung: Lieselotte + Fred Stalling

228

229

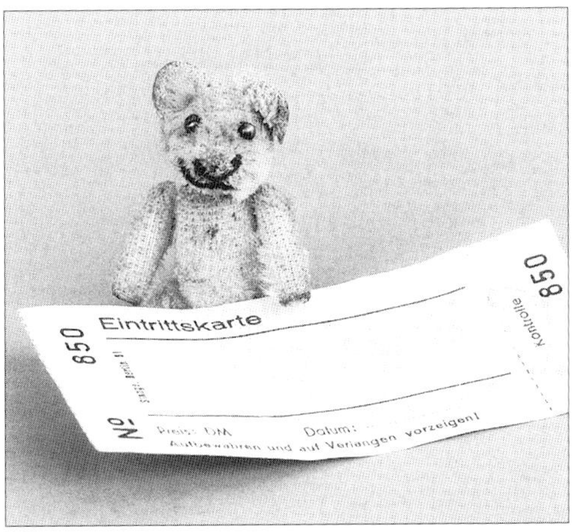

230

231

232

233

234

**233 Schuco-Bär inmitten von Freunden!** Lustiger Handpuppenbär um 1930.
Höhe: 28 cm
*Preis: ca. 350,– bis 450,– Liebhaberpreis.*
Foto: Auktionshaus Christie's, London

**234 Sehr seltener schwarzer Bing Bär** nach 1910 mit Schuhknopfaugen.
Höhe: ca. 50 cm
*Preis: Liebhaberpreis, nicht unter 6.000,–*

**235 Stehender Uhrwerk-Bär** Schuhknopfaugen, gemarkt DRP/DIV DRGM, von Gebrüder Bing, Nürnberg, um 1933.
Höhe: 20 cm
*Preis: ca. 1.000,– bis 1.200,–*
Foto: Auktionshaus Christie's, London

**236 »Purzel-Bär«** der Firma Bing (siehe Abb. 91).

**237 Bing-Bär** um 1914 mit Schuhknopfaugen, guter Erhaltungszustand des Mohairs.
Höhe: 35 cm
*Preis: ca. 2.800,– bis 3.500,–*
Foto: Auktionshaus Christie's, London.

**238/239 Eisbär und Braunbär** um 1915 aus altem Firmenkatalog der Firma Bing.
Länge: ca. 24 cm
Höhe: 16 cm
*Preis je ca. 480,– bis 680,–*

**240 Bing Musikbär** um 1920, langes, rötliches Mohair, Musikwerk wird durch stetes Drücken auf den Bauch in Betrieb gesetzt.
Höhe: 46 cm
*Preis: ca. 4.500,– bis 6.500,– (Liebhaberpreis)*

**241 Teddy auf Rollschuhen** mit Uhrwerk, ca. 1920, alter Bing-Katalog.
Höhe: 21 cm
*Preis: ca. 850,– bis 1.100,–*

235

236

237

**242 Mechanischer Bär** der Firma Gebrüder Bing um 1915, sehr selten.
Höhe: 21 cm
*Preis: Liebhaberpreis, nicht unter 1.500,–*
Abb.: Alter Firmenkatalog

**243 Sehr seltener Gebrüder Bing-Bär** mit Uhrwerk, Schuhknopfaugen, stark bespielt, Kopf durch Uhrwerk beweglich.
Höhe: 38 cm
*Preis: ca. 2.500,– bis 2.800,– (aufgrund der Seltenheit)*
Foto: Auktionshaus Christie's, London

238

239

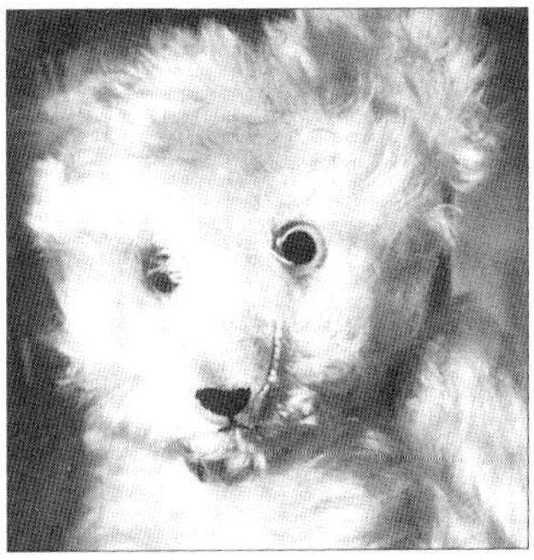
240

241

242

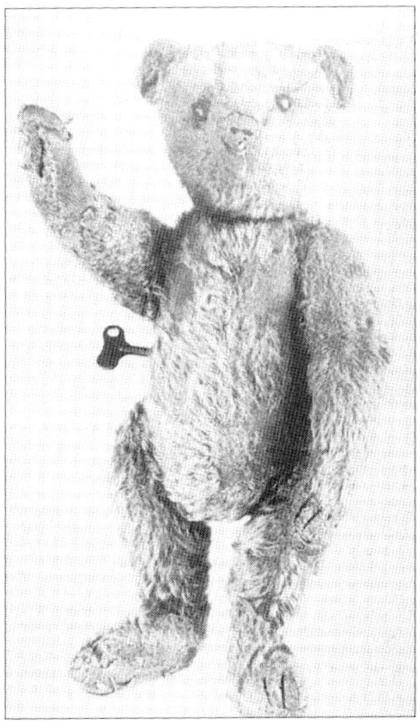
243

244

245

246

247

248

249

**244 »Peter-Bär«** um 1925 der Firma Süssenguth.
Höhe: 40 cm
*Preis: ca. 2.500,– und Liebhaberpreis.*
Foto + Sammlung: R. Vogelsang

**245 »Peter-Bär«** der Firma Süssenguth, (20er Jahre).
Sammlung: Elke Kraus

**246 Räderbär** um 1950, gummibereifte Metallräder, Mohairplüsch, Nasengegend beiges Mohair verarbeitet, Glasaugen.
Höhe: ca. 40 cm
*Preis: ca. 600,– bis 850,–*
Foto: Auktionshaus W. Boltz

**247 Räderbär** der zwanziger Jahre, vermutlich der Firma Bing, Mohairplüsch, Glasaugen. Kennzeichen der frühen Rädertiere sind die Eisenräder.
Höhe: ca. 35 cm
*Preis: ca. 950,– bis 1.300,–*
Foto: Auktionshaus W. Boltz

**248 Räderbär** der dreißiger Jahre, Steiff, sehr naturalistische Form, dunkelbrauner Mohairplüsch, Glasaugen.
Höhe: 50 cm
*Preis: ca. 1.500,– bis 1.800,–*
Foto: Auktionshaus W. Boltz

**249 Früher Bing-Bär** auf Eisenrädern um 1915, dunkelbrauner Mohairplüsch, Schuhknopfaugen, mit Drück- oder Zugstimme.
Höhe: 28 cm
*Preis: ca. 1.200,– bis 1.500,–*
Abb.: Alter Firmenkatalog der Gebr. Bing, Nürnberg

**250 »Die kleinen Fußballer«** der Firma Schuco. Beliebte Maskottchen in verschiedenen Trikots mit winzigen Mannschaftsabzeichen, gemarkte »adidas«-Fußballschuhe 7800/16, Pfeifendraht mit Mohairkopf, Filz.
Höhe: 9 cm
*Preis: ca. 400,– und Liebhaberpreise*
© Teddy Museum Berlin, Florentine C. Bredow, Fotoregister
Foto: Dietrich Graf

250

251

**251 »Auf der grünen Wiese«**
3 Miniaturbären
Links: ca. 10 cm kleiner früher Steiff-Bär um 1910 mit schwarzen Stecknadelkopfaugen, drehbarer Kopf und Gelenke.
Mitte: 10-cm-Panda-Bär um 1950.
*Preis: ca. 250,– bis 300,–*
Rechts: 10 cm Steiff-Bär um 1950.
*Preis: ca. 180,– bis 200,–*

**252 Kleiner Steiff-Bär** um 1930.
Höhe: ca. 12 cm
*Preis: ca. 350,– bis 400,–*
Sammlung: Elke Kraus

**253 Früher kleiner Steiff-Bär** der zwanziger Jahre.
Höhe: ca. 12 cm
*Preis: ca. 400,–*
Sammlung: Elke Kraus

**254 Kleiner weißer Steiff-Bär** um 1950.
Höhe: 12 cm
*Preis: ca. 300,– bis 350,–*
Sammlung: Elke Kraus

**255 Kleiner schwarzer Steiff-Bär,** seltener aufgrund der Farbe.
Höhe: ca. 10 cm
*Preis: ca. 350,– und Liebhaberpreis.*
Sammlung: Elke Kraus

252

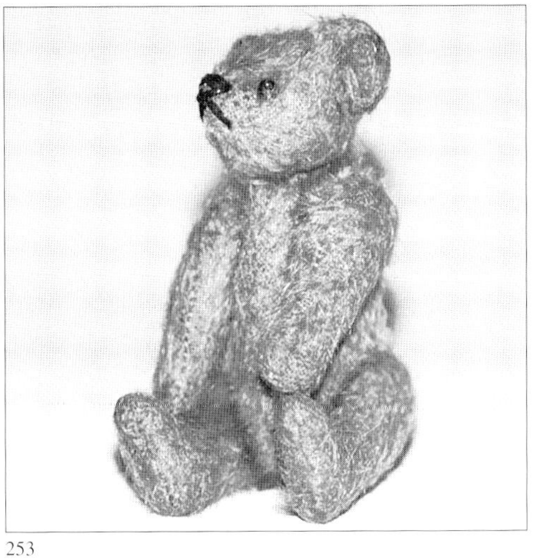

253

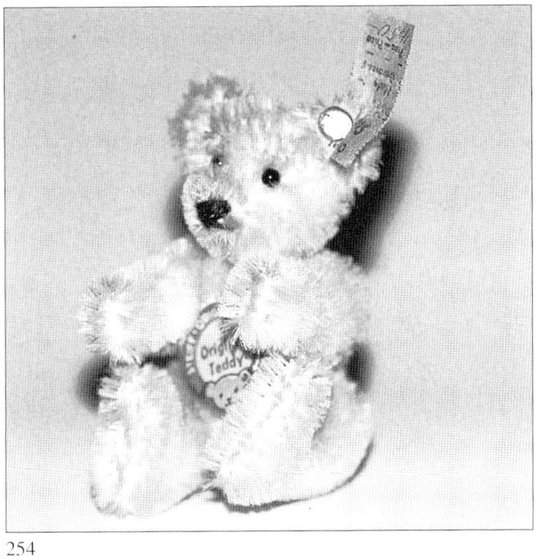

254

255

256

257

259

260

258

**256 Zwei kleine Bären** um 1950.
Links: Steiff-Bär mit Rucksack, Glasaugen, Mohairplüsch.
Höhe: 10 cm
*Preis: ca. 180,– bis 250,–*
Rechts: Standbär mit Kette, Maché mit Kunstplüsch umhüllt, Glasaugen.
Höhe: 12 cm
*Preis: ca. 120,– bis 170,–*
Foto und Sammlung:
L. und F. Stalling

**257 Bärenfigur zum Aufziehen**
Laufbär, made in Japan.
1925 Metallnase, Plüsch über Metall, Glasaugen.
Höhe: 7 cm
© Teddy Museum Berlin, Florentine C. Bredow, Fotoregister
Foto: Dietrich Graf

**258 »Die Reise geht los«**
Steiff- und Schuco-Bären auf großer Fahrt.
Höhe: 10 – 14 cm
*Preis: ca. 150,– bis 300,–*
Foto: Charlotte Wolff

**259 Frühe Tanzbären** mit Aufziehmechanik, Metall- und Glasaugen, Mohair auf Pappmaché, Metallkette und Maulkorb, Kopf und Tatze beweglich.
*Preis: ca. 350,– bis 450,– und Liebhaberpreis*
© Teddy Museum Berlin, Florentine C. Bredow, Fotoregister
Foto: Dietrich Graf

**260** Eine **Puderdose in Teddyform,** eine Kuriosität. Puder stäubt bei geringem Druck aus der winzigen Nasenöffnung; an die Metalldose angearbeitet Arme/Beine aus Mohair. Ein Exemplar mit »twinkling eyes«, ein raffinierter Effekt durch geschliffene Glasperlen als Augen; sehr beliebt in damaliger Zeit;
patentiert u. gemarkt auf dem Schraubverschluß U.S.A. Patent.
© Teddy Museum Berlin, Florentine C. Bredow, Germany

**261 Bär mit Mechanismus** (Dreiradfahrer).
Höhe: ca. 15 cm
*Preis: ca. 300,– bis 400,–*
Foto und Sammlung:
L. und F. Stalling

**262 Kleiner Teddy auf Metallroller,** Aufziehmechanismus, Fahrtrichtung bestimmbar durch bewegliche Lenkstange, Teddy aus Seidenplüsch, Glasaugen, Fa. Gebr. M. (Fewo) gemarkt, um 1950,
*Preis: ca. 300,– bis 400,–*
© Teddy Museum Berlin, Florentine C. Bredow, Fotoregister
Foto: Dietrich Graf

**263 »Trinkbär«** (unbekannter Hersteller). Mechanischer Bär mit Aufziehmechanismen um 1950. Papiermaché mit Kunstfell beschichtet, realistische Maulgestaltung. Bär hebt und senkt Flasche.
Höhe: ca. 15 cm
*Preis: ca. 250,– bis 300,–*
Foto und Sammlung:
Lieselotte und Fred Stalling

**264 Automatenfigur »lesender Teddy«**, made in Japan, Plüsch und Filz über Metall, große Standfüße, durch Aufziehmechanismen bewegt sich der Kopf, durch einen Magneten werden die Metallseiten des Buches umgeblättert.
© Teddy Museum Berlin, Florentine C. Bredow, Fotoregister
Foto: Dietrich Graf

261

262

263

264

265

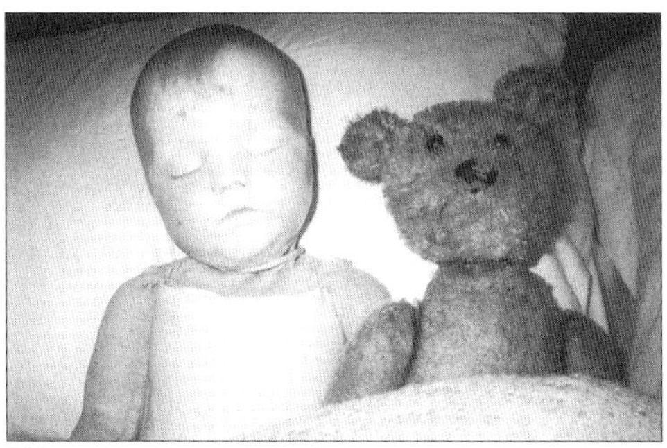
266

267

268

269

**Eine Bärenparade** der großen Unbekannten und Heißgeliebten wird hier vorgestellt, viele von ihnen in liebevoller, mühsamer Arbeit, wie in Abb. 47 repariert. Die Preise verstehen sich als absolute Liebhaberpreise, die auch tatsächlich gezahlt werden, wenn der Bär ins Herz geschlossen wurde.

**265 »Bitte recht freundlich«**
Sonneberger Bären um 1920/30.
Foto: Hildegard Wegner

**266 »Lustiges Gespann«**
Früher Sonneberger Bär um 1920 mit Käthe-Kruse-Baby.
Bär, Höhe: 40 cm
*Preis: ca. 450,– bis 650,–*
Foto und Sammlung: L. + F. Stalling

**267 Teddyautomat.** Mechanismus läßt Bären zum Schlafen nieder. Teddy, sehr geliebt und ausgebessert, um 1910/15, mit Schuhknopfaugen, Mechanismus ist ein Eigenbau.
Länge des Bettes: ca. 50 cm
*Liebhaberpreis, nicht unter 850,– trotz des Zustandes.*
Foto: Hildegard Wegner

**268 Kleiner Bär** im Vordergrund ist ein geliebter kleiner Steiff-Bär um 1910 mit Schuhknopfaugen, viel Charme und leider »haarlos«.
Höhe: ca. 35 cm
*Preis: ca. 500,– bis 750,– (trotz des Zustandes).*
Oben links: **Sonneberger Kurzhaarbär** um 1950, noch hart gestopft, ohne Buckel, kurze Arme, »klumpige« Füße.
Höhe: ca. 50 cm
*Preis: ca. 250,– bis 350,–*
Bär ganz rechts: **Früher Sonneberger Teddy** mit Schuhknopfaugen um 1910/15 in ziemlich abgeliebtem Zustand.
Höhe: ca. 50 cm
*Preis: ca. 500,– bis 750,– (trotz des Zustandes). Liebhaberpreis*
Foto: Auktionshaus W. Boltz

**269 Teddybär** um 1920 mit weißem Langflor-Mohair.
Höhe: ca. 36 cm
*Preis: ca. 2.200,– bis 2.500,– und Liebhaberpreis*
Foto: D. Graf und T. v. Mendelssohn

270

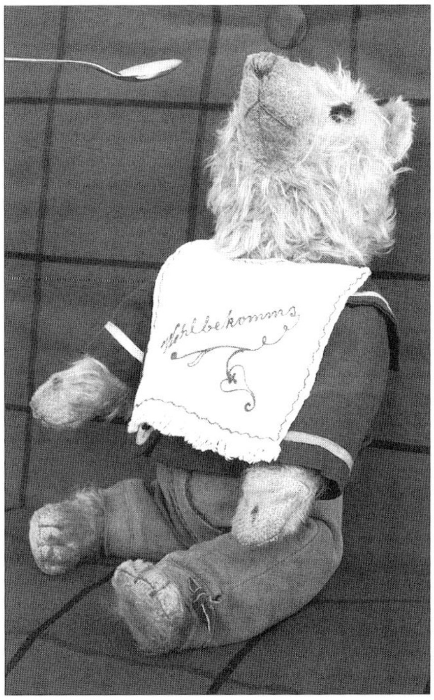

271

272

273

274

**270 Langflormohairbär** um 1920, viel Ausstrahlung.
Höhe: ca. 34 cm
*Preis: Liebhaberpreis, ca. 1.800,– bis 2.200,–*

**271 Bär mit Langflormohair** um 1920, Charaktergesicht mit recht hochstehender Nase, beweglichen Armen, festen Beinen.
Höhe: ca. 30 cm
*Preis: Liebhaberpreis, ca. 500,– bis 700,–*

**272 Niedlicher Mohairbär,** leicht grau, um 1925/30, könnte der Firma Schuco zugeordnet werden.
Höhe: ca. 32 cm
*Preis: ca. 850,– bis 1.200,–*

**273 Sonneberger Bär,** ausdrucksstark, mit viel Charakter, noch ziemlich lange Arme und große Füße, um 1920.
Höhe: 60 cm
*Preis: ca. 1.400,– bis 1.900,– (wegen der Ausstrahlung).*
Foto + Sammlung: Anita Eckner

**274** Ein **früher Langhaarbär** um 1915/20 mit Glasaugen, langes und helles Mohair ist unter Sammlern sehr beliebt; hier treten noch lange Arme und große Füße hinzu. Obwohl schwer zuzuordnen, ein drolliger und qualitativ hochwertiger Sammlerbär.
Höhe: 40 cm
*Preis: Liebhaberpreis ca. 2.200,– bis 2.500,–*
Foto und Sammlung:
L. und F. Stalling

275

276

277

278

**275 »Weihnachtsgeschenke«**
Links: Sonneberger Bär um 1920.
Höhe: ca. 40 cm
*Preis: ca. 350,– bis 450,– aufgrund des Charmes.*
Rechts: drolliger Bär um 1920, witzige Nasenform, hat Charakter.
Höhe: 36 cm
*Preis: ca. 380,– bis 480,–*
Foto: Hildegard Wegner

**276 Abgeliebter früher Bär** mit Schuhknopfaugen, liebevoll repariert, ursprünglicher Qualitätsbär mit großen Füßen.
Höhe: 33 cm
*Preis: ca. 500,– und Liebhaberpreis (wegen des Flairs).*
Foto und Sammlung:
Barbara Freshwater-Holberndt

**277 »Hoch zu Roß«**
Zwanziger Jahre Bär, kurzes Mohair, Glasaugen, Buckel, viel Charme.
Höhe: 50 cm
*Preis: ca. 850,– bis 1.100,– Liebhaberpreis*

**278 Sonneberger Bär** um 1910 mit Schuhknopfaugen, lange Arme, große Füße.
Höhe: 50 cm
*Preis: ca. 1.300,– bis 1.800,– und Liebhaberpreis*
Foto: D. Graf und T. v. Mendelssohn

**279 Eine Kutsche voller Bären:**
Links: Bär in Strick um 1940, Mohair, »kugelige« Füße.
Höhe: 38 cm
*Preis: ca. 250,– bis 300,–*
Mitte: Zwei Steiff-Bären (Steiff-Kapitel!)
Rechts: Drolliger Bär in Eigenarbeit, sicher Kriegsbär, aus der »Not« entstanden.
Höhe: 40 cm
*Preis: Liebhaberpreis*
Foto: D. Graf und T. v. Mendelssohn

**280 Großer Mohairbär.** Kurzhaar, um 1915/20, typischer Bär seiner Zeit mit langen Armen und großen Füßen.
Höhe: 50 cm
*Preis: ca. 1.800,– bis 2.000,–*

**281 »Im Kinderzimmer«**
um 1920/30
Foto: D. Graf und T. v. Mendelssohn

279

280

281

282

283

284

285

**282 Trio.** Großer Bär um 1920: gut erhaltenes Mohair, lange Arme, große Füße.
Höhe: 60 cm
*Preis: ca. 2.000,– Liebhaberpreis.*
Bär rechts um ca. 1930, gut erhalten.
Höhe: ca. 42 cm
*Preis: ca. 850,– bis 1.200,–*
Links sitzend: Samtartiger Bär um 1920 mit viel Charme.
Höhe: ca. 40 cm
*Preis: Liebhaberpreis ca. 500,–*
Foto: Auktionshaus W. Boltz

**283 Lustiger Bär** in Eigenherstellung um 1920.
Höhe: 40 cm
*Preis: Liebhaberpreis*
Foto: D. Graf und T. v. Mendelssohn

**284 Bär der zwanziger Jahre**
Mohair, Kurzhaar, hart gestopft, verhältnismäßig kurze Arme.
Höhe: 60 cm
*Preis: ca. 1.500,– bis 2.000,–*
Foto: D. Graf und T. v. Mendelssohn

**285 »Hans guck in die Luft!«**
Heiß geliebter Bär der 40ger Jahre in Szene gesetzt.
Foto: Hildegard Wegner

**286 »Der elektrische Augen Teddybär«** (»the electric-eyes-teddy bear«), ein kurioser Teddy um 1915 mit eingeschraubten Glühbirnen als Augen, eine Reklamesensation, elektrische Drähte für Batterieanschluß treten an der Rückseite aus dem Kopf.
*Liebhaberpreis*
© Teddy Museum Berlin, Florentine C. Bredow, Fotoregister
Foto: Dietrich Graf

**287 »Baby-Jung-Bär«** um 1928 der Firma Moritz Pappe, Liegnitz.
Höhe: 20 cm
*Preis: ca. 850,– bis 1.200,– und Liebhaberpreis*
© Teddy Museum Berlin, Florentine C. Bredow, Fotoregister
Foto: Dietrich Graf

**288 Bär aus Baumwollplüsch**
um 1940, Glasaugen.
Höhe: 50 cm
*Preis: ca. 380,– bis 500,–*
Foto: Hildegard Wegner

**289 Früher Sonneberger Bär**
sehr abgeliebt, um 1920.
Höhe: 50 cm
*Preis: Liebhaberpreis, ca. 350,– bis 550,–*
Foto: Hildegard Wegner

286

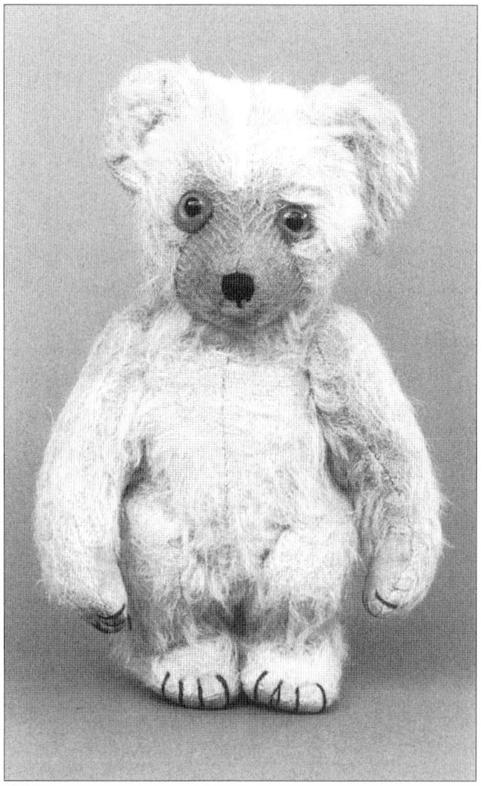
287

288

289

290

291

292

293

294

**290 Teddys mit Charaktergesichtern:**
Links: Mohairbär mit Charme und spitzer Schnauze, drolliger Gesichtsausdruck.
Höhe: 45 cm
*Preis: 850,– bis 1.100,–*
Mitte: weißer, seltener Qualitätsbär mit rosa Nase und Glasaugen, lange Arme, große Füße, vielleicht Steiff um 1915?
Höhe: 50 cm
*Preis: ca. 2.200,– Liebhaberpreis*
Rechts: hart gestopfter, kurzhaariger Bär, bespielt, um 1920.
Höhe: 50 cm
*Preis: ca. 400,– bis 650,–*
Foto: Auktionshaus Dannenberg

**291 Drolliger Kurzhaarbär** (links), mit runden Ohren und fragendem Gesichtsausdruck.
Höhe: 50 cm
*Preis: ca. 650,– bis 750,–*
*(Charakterbär)*
Mitte: **Bär** um 1950 mit eingesetzter Schnauze, vermutlich Hermann.
Höhe: 40 cm
*Preis: ca. 400,– bis 650,–*
Rechts: **Lachender Bär** um 1930, brauner Mohairplüsch, Glasaugen.
Höhe: ca. 50 cm
*Preis: Liebhaberpreis, ca. 1.500,–*
Foto: Auktionshaus Dannenberg

**292 Lustiger Charakterbär** (links), um 1920, weißer, samtartiger Plüsch: sicher eine Eigenherstellung der Zeit.
Höhe: 50 cm
*Preis: Liebhaberpreis, ca. 350,– bis 500,–*
**Großer Qualitätsbär** (rechts) aus Sonneberg um 1925, grimmiger Charakterausdruck, sehr gut erhaltenes Mohair, ziemlich lange Arme, große Füße, vielleicht von Hermann.

Höhe: ca. 60 cm
*Preis: ca. 2.200,– Liebhaberpreis*
Foto: Auktionshaus Dannenberg

**293 Lustiger, etwas bespielter früher Steiff-Bär** (links) um 1920.
Höhe: 40 cm
*Preis: ca. 850,– bis 1.000,– (Zustand!)*
**Sonneberger blonder Mohairbär** (rechts) um 1930, mit ausgeprägtem Charaktergesicht.
Höhe: 50 cm
*Preis: ca. 900,– bis 1.300,–*
Foto: Auktionshaus Dannenberg

**294 Deutscher Teddybär** um 1920, kurzes, abgenutztes Mohair, hart gestopfter Körper, sehr kurze Arme, aber große Füße; seitliche Ohren.
Höhe: 70 cm
*Preis: Liebhaberpreis, ca. 1.800,– bis 2.200,–*

**295 »Leierkastenbär«** Großer, deutscher Bär um 1920, abgewetztes Mohair, aber Charaktergesicht.
Höhe: 70 cm
*Preis: Liebhaberpreis ca. 1.400,–*
Kleine Bären vorn:
Links: Kleiner Steiff-Bär um 1920 mit Glasaugen.
Höhe: 24 cm
*Preis: ca. 480,– bis 680,–*
Rechts: Abgespielter Bär um 1940.
Höhe: 30 cm
*Preis: ca. 250,– bis 300,–*
Foto: Hildegard Wegner

**296 »Der Pauker«**
Sehr abgeliebter Bär mit Brille um 1920, kaum Mohair vorhanden.
Höhe: 50 cm
*Preis: ca. 350,– bis 550,– Liebhaberpreis aufgrund der Ausstrahlung.*
Kleiner Bär um 1930, starker Mohairverlust, viel Flair, daher *Liebhaberpreis möglich, ca. 400,–*
Foto: Hildegard Wegner

**297 Kleiner »Nasenbär«** um 1920, Mohair, Glasaugen, lange Arme, große Füße.
Höhe: 28 cm
*Preis: Liebhaberpreis, ab ca. 480,–*
**Kleiner Bär von Steiff** um 1915, ohne Mohair, innen Rassel für Kleinkinder eingebaut.
Höhe: 15 cm
*Preis: ca. 350,– bis 450,–*

295

296

297

298

**298 Qualitätsbär** um 1925, mit kurzem, braunem Mohairplüsch, lange, gebogene Arme, große Füße, lustige Augen. Höhe: 40 cm
*Preis: ca. 480,– bis 680,–*
Foto: D. Graf und T. v. Mendelssohn

299

**299 »Zwei Freunde«**
Linker Bär um 1930, ähnelt dem Dicky Teddy, ursprünglich langes Mohair, kurz um Nasenpartie, gebogene Arme.
Höhe: 30 cm
*Preis: ca. 380,– bis 500,–*
Rechts: Einfacher Teddy aus Baumwollplüsch, sehr kurze Arme.
Höhe: 40 cm
*Preis: ca. 200,– bis 300,–*
Foto: Ulrike Schneiders

**300 Die beliebten »Flaschenbären«** mit Reißverschluß in vielen Varianten, hier mit Original-Flasche und Metallanhänger zum Schutz der In- und Auslandsrechte, Quietsche im unteren Teil.
Höhe: 28 cm
*Preis: Liebhaberpreis ab 280,–*
© Teddy Museum Berlin, Florentine C. Bredow, Fotoregister
Foto: Dietrich Graf

**301 Teddy mit viel Geschichte** um 1920, kleine Ohren, ziemlich seitlich befestigt, kurze Arme, klumpige Füße, starker Mohairverlust (gelb).
Höhe: 50 cm
*Preis: ca. 380,– bis 450,– und Liebhaberpreis*
Foto: D. Graf und T. v. Mendelssohn

**302 Lieber kleiner Teddy** um 1930 mit großen Füßen mit Standfläche, leichter Mohairverlust, Charaktergesicht.
Höhe: 25 cm
*Preis: ca 450,– und Liebhaberpreis*

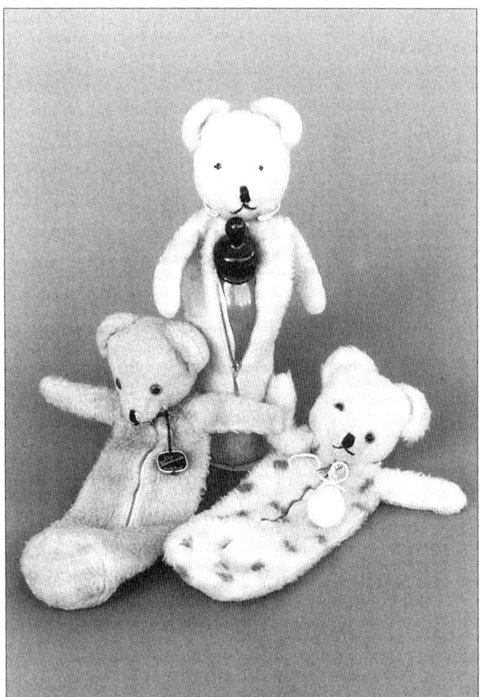

300

301

302

**303 »Bärentreff am Strand«**
Rechts: großer Mohairbär um 1920, hart gestopft, längere Arme, Glasaugen.
Höhe: 60 cm
*Preis: ca. 650,– bis 850,–*
Rechts vorne: kleiner Bär mit Brille um 1930, Mohair, kurze Arme, klumpige Füße.
Höhe: 30 cm
*Preis: ca. 450,– bis 550,–*
Mitte: Steiff-Bär um 1915, Baumwollplüschreste.
Höhe: 36 cm
*Preis: ca. 680,– bis 900,– (Zustand)*
Links: Bär mit Hose um 1920, Charaktergesicht, Mohair, lange Arme.
Höhe: ca. 30 cm
*Preis: ca. 850,– bis 1.000,– (wegen der Ausstrahlung)*
Links vorne: kleiner gelber Bär, vermutlich von Schuco.
Höhe: 10 cm
*Preis: ca. 150,– bis 200,–*
Foto: Auktionshaus Dannenberg

**304/305 »Wendepuppe«** mit besonderem Reiz, ca. 1950, hier lediglich Figurenköpfe mit Schlenkerarmen, Karostoff rot/blau, runder Filzkragen, Teddy und Hasenkopf mit Glasaugen, Mohair und Dralon.

Foto: Dietrich Graf

**306 »Petzi«-Figur.** Bemalter Hartgummikopf mit modellierten Ohren, Mohair- und Filzverarbeitung, Fa. Petz, selten.
Höhe: 16 cm
*Preis: Liebhaberpreis*

Foto: Dietrich Graf

303

304

305

306

**Zeitgenössische Kinderbücher** werden von Teddysammlern gern als Dekoration in die Sammlung einbezogen;
*man zahlt für sie Liebhaberpreise*
© Teddy Museum Berlin, Florentine C. Bredow, Fotoregister
Foto: Dietrich Graf

**307 Ein Klassiker** unter den Teddybüchern:
»Hoppla, wir kommen!« mit außergewöhnlich lebendig gestalteten Illustrationen von Fritz Koch – Gotha Leipzig, 1931

**308** Außergewöhnlich liebenswürdig ist das Buch »Was drei kleine Bären im Walde erlebten«, Dresden 1923, viele liebenswerte, anmutige Illustrationen in Farbe von F. Schenkel.

**309 »Das Teddybuch«**, aufgelegt in verschiedenen Bucheinbänden, hier Stuttgart, 1924. Herrliche Text- und Vollbilder von Ernst Kutzer, Bärengeschichten von Josephine Siebe.

**310 Ein weiterer Klassiker der Teddy-Bücher**
»Der faule Teddybär«, Stuttgt. 1928 untertitelt: Ein drolliges Kinderbuch von Willy Planck
Verse von Albert Sixtus

307

308

309

310

ENDE

# Literaturverzeichnis

*Teddy Bears and Steiff Animals,* Margaret Fox Mandel
Schroeder Publishing Co., Inc.

*Teddybären sammeln (Katalog + Preisführer),* Peggy und Alan Bialosky
Battenberg Verlag

*A Collector's History of the Teddy Bear,* Patricia N. Schoonmaker
Hobby House Press, Inc. Cumberland, Maryland

*Geliebte Teddybären,* Pam Hebbs
Verlag Laterna Magica

*Teddy Bears Past and Present,*
A Collector's Identification Guide, Linda Mullins
Hobby House Press Inc., Cumberland, Maryland

*Geliebte Steiff-Tiere,* Elke Gottschalk
Battenberg Verlag

*Steiff: Teddy Bears, Dolls and Toys,* Jean Wilson and Shirly Conway
Published by Wallace Homeslead, Iowa

*Knopf im Ohr,* Jürgen und Marianne Cieslik
M. Cieslik Verlag, Jülich 89

*The Ultimate Teddy Bear Book,* Pauline Cockrill,
Darling Kindersley, London, New York, Stuttgart 91

*Katalog: Bärenlese, Zum Wesen des Teddys*
Ruhrlandmuseum, Essen

*Katalog: der Museen in Schleswig Holstein Nr. 6: »Mein Freund der Bär«,*
Schleswiger Druck- und Verlagshaus GmbH

*Zeitschriften: The Teddy Bear and Friends Hobby House Press,*
Cumberland, Maryland

# Fachhändlerverzeichnis

## Deutschland

| | |
|---|---|
| Bad Aibling | Teddy-Bär & Co. Martina BERGBAUER |
| Bayreuth | Waltraud BOLTZ, Kunstauktionshaus |
| Berlin | TEDDY MUSEUM |
| Dortmund | H & M SCHEPP |
| Greven | Bärenhaus STROHBACH & HINTERDING |
| Hamburg | R. F. HUMMEL – Spielwarenvertrieb |
| Ladbergen | PD-Versand Rüdiger LÜBBEN |
| München | Münchner Puppenstuben Ilse SCHWEIZER |
| München | TEDDYBÄR-KLINIK Elke KRAUS |
| Obertshausen | Alice und Botho WAGNER |
| Reutlingen | Hanni Kunath's BÄRENPARADIES |
| Wildpoldsried/Allg. | Bodo HENNING Puppenmöbel GmbH |
| Wuppertal | Klaus GRAEBER |

## Ausland

| | |
|---|---|
| Basel/Schweiz | Zur Puppenfee Gretl SUTTER |
| Zürich/Schweiz | Pia & Hansruedi UTIGER |

## Zeitschriften

| | |
|---|---|
| Schwäbisch Hall | SAMMLER JOURNAL |
| Hiddenhausen | NOSTALGIE REVUE |

Die neuesten Termine: Juni / Juli '93
1D 1558 E
Nostalgie Revue
Nr. 6
Juni 1993
16. Jahrgang (178)
Preis 4,50DM
Termine
Die Vermögensteuer bei Antiquitäten
Laterna magica
Gesucht / Gefunden
Die Faszination der Alten Autos
In eigener Sache

1D 1558 E
Nostalgie Revue
Nr. 1
Januar 1994
17. Jahrgang (185)
Preis 4,90 DM
Uhren!
Elektronic im Kinderzimmer
Marionetten
Gesucht / Gefunden
Reisefotografen hatten es einstmals schwer
Riesen Preisaus
Über 2000 Termine!

Die neuesten Termine: April/Mai
1D 1558 E
Nostalgie Revue
Nr.4
April 1992
15. Jahrgang (164)
Preis 3.- DM
Osterbräuche
Über 1600 Termine!
PUPPE nicht gleich PUPPE
Gesucht, Gefunden
Spielzeugausstellung Spielzeug für Mädchen
Flohmarkt, das ist was für's Gemüt

1D 1558 E
Nostalgie Revue
Nr. 11
November 1993
16. Jahrgang (183)
Preis 4,50 DM
KÜNSTLER KNEIPE SIMPLICISSIMUS
KATHI KOBUS
Termine
Auch Pharao liebte Lebkuchen
Tischkultur
Gesucht / Gefunden
Weihnachtszeit Lichterzeit
Christkindlmärkte

Teddy Museum Berlin
Florentine C. Bredow
Kurfürstendamm
10709 Berlin
Fax 030 – 893 10 57